现代博物馆展览陈列设计的方法与规划研究

尹 航 著

新 华 出 版 社

图书在版编目（CIP）数据

现代博物馆展览陈列设计的方法与规划研究 / 尹航著 .
-- 北京 : 新华出版社 , 2022.9
ISBN 978-7-5166-6475-9

Ⅰ . ①现… Ⅱ . ①尹… Ⅲ . ①博物馆—陈列设计—研
究—中国 Ⅳ . ① G265

中国版本图书馆 CIP 数据核字（2022）第 179177 号

现代博物馆展览陈列设计的方法与规划研究

作　　者：尹　航	
责任编辑：李　宇	封面设计：沈　莹
出版发行：新华出版社	
地　　址：北京石景山区京原路 8 号	邮　　编：100040
网　　址：http :// www. xinhuapub. com	
经　　销：新华书店、新华出版社天猫旗舰店、京东旗舰店及各大网店	
购书热线：010-63077122	中国新闻书店购书热线：010-63072012
照　　排：守正文化	
印　　刷：天津和萱印刷有限公司	
成品尺寸：170mm×240mm　1/16	
印　　张：12	字　　数：215 千字
版　　次：2024 年 8 月第一版	印　　次：2024 年 8 月第一次印刷
书　　号：ISBN 978-7-5166-6475-9	
定　　价：72.00 元	

前　言

博物馆在适应社会发展的漫长历程中，成为多职能的文化复合体。随着社会的发展，博物馆的职能仍处于不断的发展变化之中。博物馆可以促进社会和谐，带来影响社会发展的正能量。因此，如何提升博物馆的正能量作用，优化博物馆的展示与陈列，已经成为我们重点关注的问题。对此，本书紧紧围绕"现代博物馆展览陈列设计的方法与规划研究"这一主题展开论述，依次介绍了什么是展陈设计、展陈设计的规划原则、博物馆的展陈设计等内容，并对博物馆展陈的分类、设计流程、形式、类型、设计原则等做出全面解读；此外，还就新时期如何更好地进行博物馆展陈、如何创新等问题展开论述。本书反映了展陈转型升级的新态势，突出了展陈设计的实际功能，具有前瞻意义。全书视角独特、观点新颖、论述翔实，可适用于各大高校相关专业教师和学生，也可作为相关研究人员参考用书。

本书第一章为展览陈列设计的概念，分别介绍了展览陈列设计的特征、展览陈列设计的要点和展览陈列设计的原则三个方面的内容；第二章为博物馆展览陈列设计概述，主要介绍了两个方面的内容，分别是展览陈列设计发展进程和展览陈列展示设计内容；第三章为博物馆展览陈列空间规划设计，依次介绍了两个方面的内容，分别是展览陈列空间的规划以及展览陈列空间的构建；第四章为博物馆展览陈列道具设计，依次介绍了展览陈列道具的原则、展览陈列道具的类型和展览陈列道具的陈列三个方面的内容；第五章为博物馆展览陈列设计的多媒体应用，主要介绍了两个方面的内容，分别是展览陈列设计与多媒体的应用和多媒体与博物馆展陈设计融合；第六章为博物馆展览陈列空间照明设计，主要介绍了三个方面的内容，依次是照明设计原则、照明设计程序以及照明设计运用。

在撰写本书的过程中，作者得到了许多专家学者的帮助和指导，参考了大量的学术文献，在此表示真诚的感谢。但由于作者水平有限，书中难免会有疏漏之处，希望广大同行和音乐爱好者及时指正。同时，作者也希望能够通过本书，让更多的人了解展陈设计，喜欢上展陈设计，进而加入展陈设计的大家庭中。

作者

2022 年 6 月

目　录

第一章　展览陈列设计的概念

本章的主要内容为展览陈列设计的概念，我们分别介绍了展览陈列设计的特征、展览陈列设计的要点和展览陈列设计的原则三个方面的内容。期望能够通过我们的讲解，提升大家对相关方面知识的了解。

第一节　展览陈列设计的特征

一、展览陈列设计的历史

在历史发展的长河中，展览陈列艺术结合每个时代的艺术特点以及艺术背景，对多种技术进行了融合，以适应当代的艺术审美。展览陈列设计主要是对各种类型的展品进行良好的展示，在展示的过程中，我们可以根据展品的特点进行分类。不管展品以什么样的形式展现在大众面前，它的根本作用就是让观众了解到这个展品的历史或者展品背后所蕴藏的历史故事，从而让现代人了解到当时的时代背景以及思想观念，最主要的是让现代科学技术与当时的生产技术水平形成对比，让人们感受到经济发展以及社会进步的重大表现。有时候我们可以通过一个城市中的博物馆数量或者是展览馆的数量来简单推断这个城市的发展水平，之所以在大众的眼中会出现这样的评判标准，也不是完全没有依据的，因为展览陈列艺术的发展与经济的发展密不可分。比如说在 1851 年英国伦敦举行的第一届世界博览会促进了英国工业革命的开始，对英国的经济发展及其世界地位的提升起到了重大作用。到了 20 世纪初，美国开始开办一系列的展览会，对美国的工业发展以及经济腾飞也起到了很大的促进作用。在我国的上海 2010 年世界博览会中，我们向世界展示了我们独特的展览文化以及历史文化展览中心向亚洲的偏移，为我国带来了经济腾飞的机会，同时展览陈列设计在其中起到了不可忽视的作用。

追古溯源，人类由于图腾崇拜和宗教活动，在岩石和树木上绘刻图像等，由此产生的场所就是当时人类社会活动的综合场所，也可以视为人类历史上最早的展示空间，它们展示的是当时人类对生活的记录和对未知的崇拜及幻想。在古代中国，定期举办的庙会成为当时文化和经济活动最重要的空间场所。

这个阶段的展示只是满足了人们对贸易的需求以及对信仰和文化的个人向往，并没有形成以广泛宣传和促进销售为目的的展示空间。随着时间的推移，社会的飞速发展带来商业活动的进一步繁荣，真正的商品展示艺术才开始踏上人类社会这个综合性的舞台，而其发挥的作用和意义也随着相应展览陈列设计的出现而日益重要。

二、展览陈列设计的发展和进步

历史上最早的展示方法是从博物馆领域开始衍生发展的。例如，大英博物馆和卢浮宫博物馆中许多巨大的油画需要"吊起"并向下倾斜，以此使画面水平地面向观众。这是由当时欧洲的人文和经济背景所决定的。这些早期的博物馆所遗留下来的传统，促成了三种重要展示类别的流行：壁橱展厅、纵向推进的走廊和按年代排列的展厅。其中，壁橱展厅这种展示方式至今仍在使用，并在展示领域占有重要地位。这种将展品放置在观众不能触及的位置的壁橱式展示手法是一种建立在好奇心之上的展示方式。而它在之后也成为早期的百货公司陈列新产品所采用的展示类型。纵向推进的走廊是由早期的建筑类型衍生而来的，纵向推进使各个展厅之间形成一个清晰的进程，使相关的展厅构成一个视觉链，使每个展厅和整个建筑内部产生空间上的对话。最后出现的是按年代排列的展厅。这种展厅是各种成分的集合体（如油画、建筑格局和家居），由一套来自一个特定历史时期的物品构成。随着柏林的凯萨·弗里德里希（Kaiser Friedrich）博物馆（1904年，现在的博德博物馆）的威廉·博德（William Bode）用这种方式进行改革，19世纪终于出现了这种替代主流分类方式的展示风格。

19世纪末期和20世纪初期，抽象艺术的发展产生了一种新的美学观。它对当时乃至以后的展览陈列设计产生了巨大的影响，并成为展览陈列设计中不可或缺的重要组成部分。早期的现代主义展览陈列设计，其宗旨是创造一个"与作品产生共鸣"而不仅仅是按目录罗列作品的地方。展示环境的自我管理的特征和占支配地位的极简主义细节随后决定了许多当代装置试验，创造了一种审美概念，产生了一个"寻求超越时空特质"的地方。展示环境有其独有的特征，其中极简主义占支配地位。其现实意义在于向人们证明了艺术可以转化为货物，这使消费产品在展示中具有了同珍贵艺术品一样的吸引力。

随着时间的推移、技术的迅猛发展，展览陈列设计的内在规律以及表现形式也越来越多地被拓展，超越了传统的展示和影像设计的范畴。最直接的表现就在于不再局限于单一的媒体展示和传播，而是越来越多地使用多种媒体以及技术组合的方式。数字科技和媒体影像，或者更大范围的、专门的屏幕广泛地用于当代展览和零售场所，成为展示与公众联系的一种常见方式。让·努维尔（Jean Nouvel）于2001—2002年在法国巴黎蓬皮杜艺术中心展示的一个装置作品中，人们就能感受到一种新的效果，即主体空间在黑暗中，影像放映就转换成空间的内部装潢，通过控制灯光色彩、声音和移动图像创造一个模拟的、虚假的空间。这是一种新的展示形式，使原本沉默和固定的展示空间变得生动和有趣起来，并且更多地增加了人和展品、展品与展示空间以及人和展示空间之间的互动与交流。这种影片式的陈列有助于吸引观众，并通过加入声音这个元素创造出一个四维空间，使观众得到更好的体验效果，从而增加观众对整个展览陈列设计，特别是其展品的反应和记忆。创造一个由艺术、时尚、影像、建筑和设计组合而成并形成更多相互联系的意象世界，这种叙述性的展示方式开启了一个展示的新阶段。不同的空间形态、不同的展示方法以及作品之间对话场景的移动，对于形成丰富的作品体验至关重要。拉尔夫·阿佩尔巴姆（Ralph Appelbaum）曾这样描述："展览陈列设计的老式风格，就是将一系列黑色盒子摆放在庄严的大厅里，盒子和盒子之间没有韵律，没有因果关系，也没有联系。而我们试图控制观众的体验程序，我们在展品之间设计了空间。这并不是说我们要控制人们，而是说我们建构了一个强烈的线性体验，这种空间设置讲述了一个清晰的故事，观众可以走入其中，并且可以从不同的方面更加有深度地开拓展示。"从古至今，作为展示空间主体的博物馆和展览馆一直是展览陈列设计师发挥想象力和才华的殿堂。面对日益发展的人文和经济社会、更具竞争性的休闲市场，展示空间和设计提出了新的原则，那就是创造"体验"一种真实的、多维的、触及心灵的体验。当大多数展示空间都在采用源于商业广告的、劝诱式的技巧时，这种让人耳目一新的展示手法令观众印象深刻。而传统的展示空间，特别是博物馆和展览馆，往往只是作为展品的存储器和摆设地，观众只是被动地参观和浏览展品，所留下的印象也许只有"累"和"麻木"而已。正因为如此，随着现代社会的发展、参观者欣赏水平和要求的日渐提高，展览陈列设计正趋向于明确地将注意力放在观众身上，从过去那种驱使观众被动地去观看和接受展品，慢慢地转向更多地让参观者参与进来，享受展品的空间，在互动中潜移默化地接受展品并留下深刻的印象。它的起点就是观众和品牌，产品、展品以及展示空间的三位一体的关系：无论是商业化的展示空间，还是教育以及艺术性质的以传播知识为目的的展示空间，其设计的核心主题是个人的实时体验以及结合这个元素的方式。

随着展品的叙事情节的发展，体验设计并逐步构建展品或产品的背景，在情感上吸引观众，并由此触发观众对参观体验的记忆。这种出现在 20 世纪末的"记忆经济"，在当时以至现在的展览陈列设计中占有举足轻重的地位。通过一种放置实物特征的方法，使实物的特征中包含的元素如立体图形、影像、声音、材料环境等，可以整合为一个互动的整体，并可以给参观者留下深刻的印象，让参观者产生共鸣。越来越多的企业开始采用这种方法来提升自己品牌的影响力。

三、展览陈列设计的现实意义

展览陈列设计作为一种以信息收集、策划、传播和接收反馈为主要目的的设计活动，其拥有与广告和视觉传达相同的重要元素和意义，只是前者以三维空间为传播的基础，而后者以二维平面作为传播的主要手段。

无论是商业化的展示还是公众性的展示，都对人类社会的进程和发展起着非常积极的作用和意义。作为一种主要的信息传播方式，其肩负着重大的社会责任。不仅体现在传播产品的信息，推销展品方面，还体现在提高社会欣赏力和知识力方面。就具体的社会意义而言，其不仅在教育科研方面，还在商业竞争与城市发展方面，特别是在文化传承方面，都发挥着积极且重要的作用。

（一）在教育科研方面的意义

博物馆、图书馆、剧院、科技馆等以记录和展示知识文化、进行艺术展览为主体的展示空间，给展览者和参观者提供了一个展示和交流的平台，其不同的知识类型不仅能促进人类的多元化交流，还可视为一定时期的人类文明史的记录册，对现在或者将来的人认识和研究关于教育思想与科学实践的发展具有深远的历史意义。这些具有文化气息的展示场所，对社会气氛的营造也起到了积极的推进作用，可吸引更多的观众开阔视野和汲取新的知识。

（二）在商业竞争和城市发展方面的意义

作为经济发展的重要产物，展示不仅是商业竞争的主要手段，也是促进商业良性竞争的关键因素。同时，一个城市商业贸易中心规模的大小，反映着城市的富裕和繁荣程度，而商业贸易中心的空间展示的品质则反映了城市的文化品位和生活品质。美丽而丰富多彩的展示空间也把整个城市空间装点得五彩缤纷。

（三）在文化传承方面的意义

各种文化性和教育性的展会和展馆反映着各个时期社会知识文化的水平，同时也是文化传播和传承的载体。它一方面承载文化的印记，另一方面也将文化传播给广大的参观者。在城市的发展过程中，有时候会建立一些纪念性的展示物，如贾谊故居、"5·12"汶川地震震中遗址等。这些见证历史和城市发展的场所，既能够使后人不忘历史，又真实地传承着一个城市的文化。

四、陈列艺术设计的特征

陈列艺术设计的概念，如果从表面上进行分析的话，我们可以将这个概念拆分成三个词。首先陈列代表的是这个词的目的主要用于向大众展示某些东西；其次艺术代表着对人类以及对社会是有贡献的，才会被称之为艺术；最后设计这个理念是作为主体存在的，因为它包含着一些创新的思维，是整个陈列艺术设计中的核心存在。

在大众的眼中设计这个词并不陌生，当我们看到这两个字的时候，首先想到的是设计师根据设计需求制订一个设计方案，随后按照设计方案进行执行。但是在陈列艺术设计中，如果我们仔细分析的话，我们可以看到设计的本质其实是具有两层意义的。其中第1层含义我们可以理解为计划，第2层含义可以理解为构思。设计这个行业不管怎么发展都是设计师"脑洞"的发展，设计过程中需要进行不断的创新，不断推翻以前的想法，不断的适应社会的进步以及时代审美的变化。在设计师的思维活动中，谋划以及构思，都需要有一个目标进行参考，也就是我们的设计要求。在陈列设计的过程中，我们可以大概分为几个步骤，第1步是确定博物馆的陈列主题，在每一个博物馆中都分为很多个展厅，每个展厅所展示的内容是不同的，因此每个展厅都应该有一个属于自己的主题，而与其他的展厅作为区分，也是为了更加突出各自展厅的独有特点；第2步就是要整理收集资料，在博物馆陈列中我们需要对历史进行充分的了解，深入当时的历史背景以及时代潮流中，感受当时的生活文化；第3步是编写陈列大纲，当我们做好设计的前提工作以后，就要真正开始进行陈列设计了，具体的陈列设计方案需要有一个陈列大纲，在陈列大纲的指导下进行一系列的细节设计；第4步就是对展品目录的整理，陈列设计突出的就是展品的主要特征。因此在设计的过程中，展品目录是不可或缺的元素；第 5 步就是陈列设计的执行部分，在这个过程中设计师已经完成了主要的设计工作，其次就是监督完成设计方案的实施过程，确保在实施的过程中按照整体的思维活动进行。

人类在进行交流时会用到很多的思维活动，然而陈列设计所达到的最终目的也是实现各个展品与人类之间的交流。因此在设计过程中，我们可以利用声音语言以及文字等元素来跟观众进行交流。这样的设计思维是比较新潮的，在现在的博物馆陈列设计中也是最常用的。一般情况下，我们还可以利用科技手段融入一些动作或者是图像等设计，来提高陈列艺术水平。因此在陈列设计的内容中，我们就可以加入人类思维活动的设计构思，利用一些艺术的手段将这些人类思维活动生动地呈现在大众的面前。

陈列这个词在陈列艺术设计中代表的是一项任务，设计师在进行设计的过程中要遵循的一个守则。因此陈列这个词在概念中包含的是两层含义，一是表示艺术设计过程是为了进行陈列，任何一家博物馆在维护和管理的过程中都是需要将陈列作为主要工作内容的，而且陈列是设计过程的出发点，我们从陈列入手整个设计过程，而最终设计也要回到陈列上来；二是博物馆的法则也对陈列进行着限制，博物馆陈列艺术是整个设计过程的参考，也代表着设计思维活动是指向博物馆陈列原理的。因此在博物馆的经营和管理中对陈列是有一定的指导作用的，但是这一指导作用不能限制设计师对设计的开发，反而两者之间要起到相互促进的作用。比如说艺术设计的过程需要敏感的支撑来进行，而灵感可以来自博物馆陈列法则，根据这些法则进行的创新设计，也服务于博物馆陈列艺术。只有深入研究博物馆所在地的历史背景以及历史文化，才能真正设计出符合当地的博物馆主题，在展陈设计中才会使方案有内涵。

综上所述，陈列艺术设计的本质其实是对人类思维活动的一种开发和展示过程。在设计的过程中融入人类思维活动能够让参观者在欣赏的过程中引起共鸣，进而有兴趣了解展品的历史背景，以及其中蕴含的历史文化。陈列艺术的诞生需要博物馆陈列的指导，在其指导下才能产生好的艺术设计成果，在众多的博物馆展品中，我们以陈列设计为基础，以博物馆管理学为指导理论，设计出适合当地历史背景以及文化发展的设计方案。再加上一些艺术造型，对博物馆空间进行艺术装饰，结合高科技手段创造出一个充满艺术氛围的空间。

陈列艺术设计跟其他的设计有所不同，在艺术的指导下，它其实也对设计师的"脑洞"进行了一定的限制，因为博物馆陈列是服务于教育行业以及文化行业的，不仅承载着文化宣传的作用，还起到了教育下一代的作用。在参观者参观的过程中，不仅要将展品的历史背景和文化充分展示出来，也要结合现在的审美标准，对陈列进行良好的设计。现代博物馆的兴起，代表着各个地区经济发展十分迅速。在经济腾飞的过程中，我们也不能让艺术停下脚步，所以我们要结合经济发展水平对艺术的展示进行不同程度的开发。结合其他地区的一些设计实践总结经验，找到一个适合博物馆陈列的中心设计思想。

（一）双重思维的特征

双重思维指的是形象思维与抽象逻辑思维。在陈列艺术设计的过程中，我们需要对这两种思维进行有效的融合或者交叉在整个的设计过程中，以双重思维为指导，结合当地博物馆的设计需求以及历史文化背景来进行一系列的创新。在设计的过程中，我们可以运用一些艺术手段，将我们所表达的重要思想展示出来。同时在博物馆中会有一系列的特殊展品，在大众看到这些展品的同时，不能理解到展品的历史背景或者历史意义，因此就需要一些艺术的手段来对展品进行阐述，结合一些科技图像等艺术手段展示出来。在陈列艺术设计的过程中，需要进行大量的创作，因此就会用到形象思维，以形象思维基础，我们结合展品的实际特征，对展品进行艺术性的处理，使其在不同的影像下充分发挥展品的本质特征。尤其是在设计方案的优化阶段，我们要深入促进形象思维的发展，在整体的设计思路中，用双重思维进行穿插。任何一个博物馆，在观众进行参观的过程中都要根据自己的审美标准进行评判，因此形象思维也是对审美要求的一项重要指标。参观者在参观过程中首先了解到的就是展厅的陈列标准，以及展品的大体外观。在形象思维的设计标准下，就可以使方案符合大众的审美标准。

在设计实践中，当遇到以下五个方面的问题时，需要特别注意运用理性思考来处理好这些关系。它们是：

陈列内容、体系结构、展品性质、特点及其组合序列与总体规划及陈列艺术的探索之间的关系；

陈列功能要求的因素、技术因素、经济因素与各项陈列设备造型设计、选材、结构设计等的取向之间的关系；

陈列室建筑空间状况、采光方式、环境因素与陈列总体布局、空间利用、参观路线安排、陈列组合及文物、标本安全保护措施之间的关系；

博物馆消防规范、安全防盗设施与陈列空间分隔、艺术处理、设备选材与构造等涉及技术、经济问题之间的关系；

经费预算与各项目设计和实施的造价调控的关系。

（二）设计多维性的特征

现在陈列艺术设计过程中，需要参考的元素有很多，其中还包括展品的物质构成。比如说我们在对一些金属材质的展品进行展览时，对于展台或者展柜的设计，我们可以加入一些金属的元素，进而来体现展品的质感。在陈列艺术设计过程中，所运用到的这些陪衬或者是渲染效果，我们就可以称之为是艺术设计内容的多维性。这样的设计手法已经诞生了很多年，但是在不同的博物馆陈列设计中也发挥着不同的作用，其中使用的设计手法也是有所不同的，最重要的是符合博物馆的陈列主题。而且根据艺术设计的多维性，我们可以对某些展品进行组合设计，前提是这些展品之间是有一定联系的，或者是有明显对比的，在这一思维的指导下进行的设计，可以使它们相辅相成，在展示的过程中充分发挥自己独特的特点。比如说在一些博物馆会十分注重大众的视觉效果，无论是在灯光的设计，还是在陈列设备的设计中，都会呈现很好的视觉效果，加上音响对耳朵的刺激以及影像设备的播放，都可以对展品进行充分的阐述，在艺术设计的过程中充分发挥博物馆的独特魅力。艺术设计的多维性，不光体现在艺术表现手段的多种多样，而且在博物馆陈列设计中融合了很多种学科知识，比如说建筑学、人体工程学、心理学和材料学等等，这些学科对博物馆的陈列艺术设计都起到了重要的指导作用，因此这也是设计多维性的重要体现。

（三）综合艺术的表现特征

博物馆陈列艺术是一门综合性很强的文化艺术。在整体的博物馆陈列设计中，首先，我们需要考虑建筑学的思想，对于博物馆的展厅进行设计，确定每个展厅的展览主题。其次，还要结合绘画艺术，对博物馆中壁画以及雕塑类型的展品进行陈列设计。这样集多种艺术于一身的博物馆陈列设计是需要众多个元素来一起衬托的。从古至今音乐的发展也在顺应时代的变化在发展，它没有被历史所遗忘。因此在博物馆陈列设计中，我们可以充分利用音乐来对展品进行衬托。比如说对于不同的展厅而言，每个展厅所包含的主题也是有所不同的，而且每个展厅中展览的展品是处在同一个历史背景下或处于同一历史时期的。因此在陈列设计中，我们可以根据展品所处在的历史时期，结合音响设备在各个对应的展厅播放当时的音乐，进而增添音乐艺术氛围，同时这一项艺术也充分融入了陈列艺术中。

当我们在与其他的专业人士相互讨论的时候，我们不能将陈列艺术设计的特征与展览艺术想混淆，二者之间是存在一定的区别的。通常情况下，陈列艺术在对博物馆进行设计时才会提到，其中的目的也是将博物馆陈列与其他的陈列艺术有所区别。由于陈列或者展示在其他的领域以及其他的行业中也有所应用，所以我们在陈述博物馆陈列艺术时要与其他的商业活动区分开。我们对博物馆陈列艺术的认知，都是在文化的角度或者是历史的角度，在浓厚的知识体系中欣赏博物馆独到的一面。虽然商业展览行为与博物馆陈列艺术之间存在着差异，但是二者之间也存在着一些共同点。比如说不管是商业展示还是博物馆陈列，都需要进行一系列的设计行为，而这些设计行为所包含的流程大体都是相同的，只是向大众展示出来的展品以及产品蕴含的内在品质不同。在设计方案制定完成以后，需要进行施工制作，在这一阶段二者之间也是有一些共同点的，因为都是在向社会向大众展示某样东西，因此在陈列空间或者是材质上的选择会有一些共同的需要。博物馆陈列具有它的特殊性，这个特殊性主要体现在它的设计思想和设计原则上。博物馆建立的主要目的是向社会向大众展示当地的历史文化以及历史遗留下来的文物，从而让人们感受到历史的人文气息以及科技发展水平。比如说博物馆在进行陈列设计的过程中，要结合很多种的专业学术，在展品的展示中也要应用很多种的展示方法，还需要其他设备的衬托，最重要的是博物馆中的每个展厅都主题鲜明，能让人们一眼就能看出展厅所展示的大体内容。而且在博物馆陈列设计中，展品的位置一旦确定是不能随意更换的，因为在博物馆中会有一条规划好的参观路线，参观者只要根据这条路线就能最为合理的领略到博物馆的魅力所在。因此博物馆陈列的展品也是非常讲究的，在外人看来只是有顺序地将这些展品展示出来，其实它是有一些内在的逻辑关系的。社会各界的文化需求，以及国家对文化的宣传和管控都对博物馆的陈列设计提出了非常高的要求，因此整个设计过程要遵从文化的宣传在简洁的环境中吸引大众的参观兴趣。要体现我国古代的朴素典雅也要展示古人的绝妙智慧。博物馆作为重要的文化宣传场所以及主要的文物保护场所，它对社会的进步和发展起着推动作用。然而历史的长河一直在绵延流传，我们现在所经历的也将会是未来的历史，因此对我们当代社会做出突出贡献的科学技术也要收录到博物馆的陈列展品中。博物馆的管理和维护与其他展览馆不同，博物馆中的文物以及标本十分众多，在保证参观者能够进行参观的同时，也要做好防盗以及报警措施，这些都是需要陈列设计进行设计的内容。

第二节 展览陈列设计的要点

一、展览陈列大纲的编写

（一）基本结构

展示大纲有其自身的结构特点，强调与设计区域的对接，展示大纲中初步对文案内容进行划分、总结，并且考虑其合适的表现形式。

1. 根据展示文案的条块结构划分

将整个展示项目划分出一个个相对独立的展厅或展区，一是有利于设计者或设计团队对每一个区域独立思考、分析，找出最具表现力的展示方案。二是在此基础上统筹整个项目，平衡展示侧重点和展示具体方法，将使项目整体更为协调、有序。

一般情况下，对于某一固定主题的项目，我们可以将其按时间、发展脉络、组成部分等内容进行划分。比如某玻璃博物馆项目我们按其展示内容划分为"序厅、第一展厅（什么是玻璃）、第二展厅（技术和工艺的发展）、第三展厅（从日常生活到科技前沿）、第四展厅（人类精神创造力的表达）、尾厅"六大部分。而对于一些综合性的展厅，我们则需根据展示内容及其性质来划分。

2. 确定展厅区域展示特点和表现特色

划分展示区域后，我们就应当结合其主题内容着手统筹考虑每一部分的展示特点和表现特色，使每一个区域都具有表现其特点的展示特色。我们还应注意展示方法的平衡和互补，不能出现展示手段千篇一律、毫无特点的情况。比如整个展厅全都是展柜，或者电视机一个挨一个全是多媒体，这样的展示方案显然缺少生气和渲染力。

3. 细化每一具体展项的表现方式

每一具体展项都需要初步标注表现形式，这是展示大纲的重要环节。表现形式多种多样，有展板展柜、场景硅胶像、多媒体等。展示大纲内应对每一个展项的特点加以分析，选取合适的表现手段。

如文字图片类的展项可用展板展柜表现，故事情节类的主题可用场景硅胶像表现，民间工艺、历史传说类的可用多媒体再现等。

（二）写作要领

结合具体工作经验，从写作的方法上向大家介绍一下展示大纲的写作心得。

1. 层次清晰

我们需要分清各个内容的级别，一般设计 1—3 级标题。还是以玻璃博物馆为例。在设计了六大展厅之后，我们进而将第一展厅又分为"玻璃的定义、玻璃态、玻璃的结构、玻璃的形成、玻璃的性质、小贴士"六个部分。进一步细化，如"玻璃的性质"又分为"玻璃的物理性质"和"玻璃的化学性质"。

2. 展项的表现形式要切合展示的内容

展示方法是服务于展示内容的，我们一是要根据区域主题考虑更能表现其特征的展示方法，二是要统筹平衡好各个展示区域之间的表现方法的相容性。举例来说，对于书面文件等纸质展品，我们一般不会考虑场景再现等表现手法，而是使用展板展柜；对于人物、故事介绍，我们的第一思路则是场景硅胶像等手段，个别的可以考虑多媒体手段。

3. 注意重点展项的创意创新

对于项目中一些重点展项，如核心理念、主题的展示、核心故事、重点人物等等，我们则需要重点考虑其展示的设计创意和表现手段，要在整体中形成突出的"亮点"。也就是说，整个展示项目要做到主题鲜明、详略有序，在设计创意和表现手段的时候就应当把"最具表现力"或"最吸引人""最新鲜"的创意留给它们。

二、展览陈列主题与创意

经过反复调研、收集、沟通和整理，当我们基本完成展示内容和素材的收集工作之后，我们会发现，通过前期看似复杂的工作，其实整个展览展示项目已经在我们的脑海中形成了初步的整体印象，甚至对个别展示区域已经形成了自己的设想抑或创意。为了将这些设想和创意能系统地、完整地在文案中提炼出来，为最终定稿文案奠定基础，我们下一步的工作就是提炼展示条目、展示主题，确定较为具体的创意设想。

（一）展示的条目梳理和条线主题提炼

通过反复调研、沟通、收集素材后，整个展示文案的基础已初步形成。但面

11

对手中堆积如山的素材，我们需要厘清素材之间的关系，从中选择最能表现展示主题和意图的材料，并使之为我所用，准确地做到"对号入座"。

梳理展示条目我们坚持"横门分类、纵述历史、以横为主、纵横结合"的结构原则，应当做到"横不缺项、纵不断线"，也需要梳理各个条目之间的逻辑关系和主次关系，划分条线，做到纲举目张，进而提炼每一个条目的主题。

梳理展示条目可以说是整个展示项目的"规划"。一般我们可以以展示性质、内容、发展历程等作为顺序梳理条目。在条目梳理时，我们一是要考虑到展示"以事类聚"和表现主题的统一性。二是要围绕展示目标层层展开。客户提供给设计方的是其项目愿景，也就是整个展示项目的目标，个别项目客户也有可能提供一些较为具体的条目，但最终要使每个展示条目都能紧扣客户要求，并体现你的创意。三是要注意条目与条目之间的衔接。比如一个大型企业馆的设计中，如何处理企业旗下各个分厂之间的关系，就是需要思考的问题了。在展示出大型企业的整体风貌的同时，决不能把企业整体分割为互相间毫无联系的各个分厂的"块"，从而影响设计的整体性（图1-2-1、图1-2-2）。

图 1-2-1　古院落场景复原

图 1-2-2 牌坊场景

　　条目的确定和取舍，应当从科学分类和实际出发，更应有所创新增益。最基本的必不可少的展示条目，应当以符合展示主题的科学性和时代性为原则。一些条目的增删，应体现项目特征。梳理条目，实质上是对展示内容的再研究，做到"去粗取精、去伪存真，由此及彼、由表及里"的认识深化的过程。从以往设计项目的经验中我们总结出，梳理条目不能仅仅考虑"怎样分门分类""何处详细、哪里简略""哪种结构最好"等问题，还要把部分精力放到"提炼升华"上面。这就需要我们在梳理条目时不仅要考虑到一般设计的基本要求，而且要充分考虑项目的创意提升。

（二）核心理念和主题的提炼

　　根据各个条目的主题，提炼出整个展馆的核心理念，审视是否突出了甲方建设的意图、目的。

　　展示项目核心理念是一个基于展示主题内容的突破创造过程，设计创造首要是理念创造。它是整个展示项目的核心，是印证整个设计价值的基础。相对企业展馆要能反映客户方的信仰与追求，起到对内统一思想、凝聚和激励人心，对外树立良好的企一业形象、扩大积极的社会影响等方面的作用。对于博物馆，它是让博物馆形成多职能的文化复合体，保藏、研究和普及自然历史标本、物质及精神文化珍品的灵魂所在。因此，根据条目主题总结、提炼设计核心理念，是为整个设计项目找到灵魂，是为保障项目的实现制定"基本大法"。

优秀的核心理念必须具备两大特性：一是导向正确，即体现对人的价值和市场规则的认同与尊重，且体系完整、逻辑严谨，全面支持客户的需求；二是个性鲜明，即符合项目本质、富有个性，文采生动、易于理解与传诵。因而，我们认为核心理念的提炼应当符合"精准定位、精确表达、精练阐述"的"三精原则"。

三、展览陈列的风格创意

有了场地情况的分析，接下来要考虑的就是展示风格问题。实际上，展示风格有各种各样的形式，每种样式都有其精彩合理之处，关键是要选择一个最最适合该项目的风格样式。也就是说，我们力求解决两个问题，即有哪些展示风格，怎样选择合适的风格。

（一）展示风格的类型

一般而言，展示风格虽然多种多样，但大体可以归为三大类：中式古典风格、西式古典风格、现代风格。这里做一下各大类风格的简要介绍，便于参考。

中式古典风格，指中国古代建筑室内外环境、人物、文化、服饰为特色的展示设计风格。其特征为空间上曲折环绕，大小空间相间，所谓移步换景、步移景换、对景、借景等。其建筑装饰上以我国各个朝代的建筑特色为依据，突出历史的变迁和厚重感。场景中人物、服饰、道具都以当时的历史为依据，突出其历史人文的脉络（图 1-2-3）。

图 1-2-3　中式古典风格展陈

西式古典风格，指以西方古典建筑、文化为特色的展示设计风格。其特征为空间上有强烈的序列感，强调主从关系和轴线关系；建筑样式上，以西方经典建筑样式为基础，包含古典样式、中世纪样式、哥特一式、拜占庭式、殖民风格等。当然，也较多的包含近代中国租界内万国建筑风格（图1-2-4）。

图 1-2-4　西式古典风格展陈

现代风格，指以现代主义、后现代主义为特征的设计风格。其空间特征强调多变和韵律。建筑样式上突出简洁和几何元素的应用。材质上突出金属、玻璃、合成材料等所具备的现代工业化特征。加上刻意的灯光烘托，给人们以奇特的现代感和未来感（图1-2-5）。

图 1-2-5　现代风格展陈

（二）展示风格类型的选择

展示风格的选择必须服从于展示内容。

一般而言，国内历史类博物馆以中式古典风格为主，也会涉及一些西式古典风格，这时，我们要力求做到准确，符合时代、地方、民族等特点（图1-2-6）。

图1-2-6　西式古典风格展陈

企业和地方小型展厅、展馆的要求较为多样。设计者应根据文案内容、创意方案选择合适的风格（图1-2-7）。

图1-2-7　企业展厅

四、陈列类型和陈列设计要点

（一）社会历史类陈列

社会历史类陈列也分为好多种，因为在历史的发展中，重要的事件我们一般都是以时间线来进行整理的，因此如果按时间线来进行划分的话，历史陈列可以划分为通史以及断代史。然而社会历史类陈列主要分为三大类，分别是古代史陈列、近代史陈列、革命史陈列三种。还有一些特殊情况，是按地域对历史进行划分的。因为我国的独特文化已经有 5000 多年的历史，整个发展过程中有很多地区始终存在着浓厚的历史文化气息，比如说西安，因此在划分的过程中也有按照地域对社会历史类陈列进行划分的。

历史虽然已经成了过去，但是它始终是在时间中进行流动的，我们现在对历史的纪念以及宣传主要是靠博物馆的展示活动。因此在社会历史类陈列设计中，需要遵循时间和空间这两个重要的要素。首先在设计的过程中，我们要对社会历史类陈列的总体风格进行一个准确的定位，因为是离我们比较久远的历史，因此在色调的选择方面，我们要选择一些复古风，比如说黑白颜色。其次我们也要运用一些简单的装饰，突出我们的地方特色和民族风情。在历史的演变过程中，时间线是一项很重要的参考标准，因此在陈列设计过程中，我们可以根据时间线来对历史进行陈列，陈列过程中可以对一些相近的进行组合，对一些差距比较大的进行排列，使总体的陈列效果达到最好。只有这样，参观者在参观的过程中才能系统地认识历史，在博物馆中学习其所不知道的历史知识。

在我们现在的历史陈列方法中，有两种使用比较普遍的陈列方法，分别是复原陈列法和原状陈列法。这两种陈列法的应用能够让大众在参观的过程中准确认识到历史中发生的历史故事，或者是历史中所包含的人生哲理，这两种陈列设计方法，对人类学和民族学两种学科都进行了良好的阐述。接下来分别对这两种陈列方法进行阐述，首先说第一种复原陈列法。这种方法主要应用在一些历史上曾经存在过的东西，但是我们现实生活中已经不存在了，针对这一类产品，它本身具有很重要的历史意义，但是我们现在的社会已经不存留完整的物件了，因此需要我们利用现有的技术手段，对当时的历史误解进行还原，或者是重造。这种陈列方法主要应用于一些比较著名的壁画，或者是一些残缺不完整的陶瓷制作品。经过先进科技的加工，可以让人们感受到我们的祖先拥有怎样的生产技术，以及他们是怎样用自己的智慧进行生产生活的。还有一些人类发现的远古时期的村落以及房屋这种设施发展到现在已经看不出原来的景象了，但是这些房屋同样具有重要的历史意义。因此在博物馆陈列设计中要对这些房屋进行修缮、复原。我们所熟知的地动仪是由张衡发明的，但是当我们发掘到地动仪时，已经破烂不堪，再经过一些技术人员对地动仪的分析和研究之后，我们才得知地动仪的使用原理，其中包含着古人的智慧，因此在现代我们需要对地动仪进行复原，让整个社会以及整个人类都认识到我国古人的智慧。复原陈列法在遵循艺术的前提下，结合了现代的科学技术，对历史进行复原主要强调的还是历史的艺术性，最终目的是还原历史，让大众提高对历史的认识。而原状陈列法与复原陈列法恰恰相反，原状陈列法讲求的是不改变食物的原有形状，不允许其中掺杂现代科技，原汁原味地展示历史。甚至原状陈列法讲求的是在陈列过程中不能随意更改展品的位置，不管是单体展品还是群体展品，都不能随意删减，改变它原来的历史气息。比如说圆明园博物馆的建立就大量使用了原状陈列法，通过对八国联军侵华的种种罪行进行保留，让后代认识到强国的重要性，这些陈列形式只能以原状陈列法来进行宣传和展览，再比如，周恩来总理曾经的办公室也是以原状陈列法进行展览的。为了最大、最原始地还原周总理的工作场景以及对中国人民的良苦用心，必须要按照原状陈列法来进行还原，只有这样才能让人们切实感受到周总理对我国做出的突出贡献。

无论是复原陈列法还是原状陈列法，它在空间上所占的面积和体积相对来说都是比较大的运用，这两种陈列设计建立的博物馆一般都是依照原有的环境而建造的。但是这一类的博物馆虽然在空间上排列不规则，但是他依旧像室内的博物馆一样分为很多个展厅，而复原陈列法和原状陈列法设计的博物馆分为不同的"场"，"场"与"场"之间靠"带"来进行衔接。不同的"场"之间也是不同的陈列主题设计师，在设计的过程中需要仔细揣摩当时的历史事实，从而在真实的环境下，体现出想要表达的历史意义。

在社会历史类陈列设计中，我们不能采用一贯的陈列设计，而是要结合当地的历史事实以及历史文化，合理地进行独特设计，一定要符合当地的文化宣传原则。而且历史陈列在陈列的过程中，要尽量避免大量使用大通柜的形式，因为大通柜的陈列形式较为陈旧，已经不符合现代社会的审美要求。最主要的是大通柜内部的环境以及空气情况是不可控的，对于文物的保护也非常的不利，因此在具体的历史陈列设计上要重点将文物保护放到首位。

（二）自然历史类陈列

自然历史类陈列中也分为很多种，比如说动物陈列、植物陈列、地质层面以及人类学陈列。这些陈列中也都带有历史的字眼，而且带有历史陈列的特点，经过系统的设计之后，通常也是以时间线为基准，有顺序地对展品进行陈列。自然历史类陈列设计的设计要求与社会历史类陈列有一定的区别，其中最明显的区别就是自然历史类陈列中的各种展品之间没有特别紧密的联系，在陈列设计中不需要结合他们之间的特点来进行分类，因此在具体的设计中，工作量是相对来说比较小的，在展品的排列顺序上也比较自由。但是自然历史类陈列设计在进行分类的同时，分类标准与其他的陈列设计差距也非常的大，比如说我们在对生物区进行陈列设计的时候，我们可以采用多种陈列方式，比如说布景箱的使用就是很好的例子。在自然历史类博物馆中，大部分生物都是以标本的形式来进行陈列，但是标本在陈列的过程中需要时时刻刻进行保护，而且又不能影响参观者的参观体验，所以我们就可以使用透明的布景箱。但是在陈列的过程中，我们不能只把布景箱放到参观者的视线范围内，我们要为布景箱中的生物做一些简单的装饰，比如说在布景箱的周围设置一些生态小环境，这样就可以让参观者在参观的过程中了解到布景箱中的生物标本是在什么样的环境中生存的。在我们的现实生活中，有很多自然历史类的博物馆，在陈列的时候大量使用景观箱，甚至可以说这一类博物馆的展厅都是由景观箱来编排组成的，这样仅仅是宏观方面的安排，不能够说这个博物馆是一个优秀的博物馆。真正优秀的博物馆具有"脑洞大开"的设计，不仅要将我们想要展示的展品充分展示出来，还要充分发挥设计的创新之处，吸引更多的人前来观看。青少年在参观自然历史类博物馆时，很喜欢围观大型的动物标本。因此在具体的陈列设计中，我们可以根据青少年的这一特点进行一些细节设计，比如说在大型的动物标本旁设置一个影像棚，青少年可以在影像棚内观看动物的生活景象。

景观箱的制作过程有的简单，有的复杂。复杂的景观墙，我们可以把它当作是科学与艺术的结晶。景观箱在制作的过程中一定要符合博物馆的展示主题，其次景观箱的尺寸要能囊括展品的大小，景观箱的尺寸既不能比展品过大也不能过小，结合实际情况展品中也可以加入一些其他的陪衬或者是装饰品。因此在设计景观箱的过程中，除了要考虑现有的科学技术手段，更要注重所要展示的艺术性质。所以设计师在设计景观箱之前，要仔细研读自然科学以及生物学，结合相关知识设计出符合每个展品的景观箱。

在过去几年的自然历史类博物馆建立的过程中，也出现过一些具有争议性的话题，就是一类的博物馆的艺术风格究竟应该是怎样的？针对这一问题有很多优秀的陈列，设计师给出了不同的答案。但是作者认为自然历史类博物馆在设计的过程中不能遵守固定的规则，要根据展品的特殊性以及当地文化的特点来进行艺术设计。既不能过分地推崇民族风格，也不能盲目地追求现代风。既然是自然历史类博物馆，就要以大自然为主，将大自然中的景象以及生物展现得淋漓尽致才是重中之重。因此在这类博物馆设计的艺术风格方面，我们不能笼统地遵从，也不能盲目跟风，要有自己独特的优势和特点。

其次设计师应该知道的是，在自然历史类的博物馆中，高科技手段一定要充分利用起来，因为这一类的博物馆吸引的大多数是青少年群体，他们对高科技产品的兴趣和认识都是比较浓厚的。

（三）科学技术类陈列

经过作者的调研，发现现在数量最多的博物馆门类就是科学技术类。而且由于当今社会的进步与发展科学技术已经很成熟，其中涉及的门类也比较多。因此在本地众多的科学技术类博物馆中，我们可以看到它们所陈列的内容相同点是比较少的，因为科学技术类博物馆所能够展示的科学技术种类是非常繁多的，可选择性也比较多，对于一家科学技术类博物馆来说，要想做到种类齐全、设备众多，几乎是不可能的。世界上比较出名的科学技术类博物馆，有芝加哥科学与工业博物馆，这家博物馆中有 2000 多个展示项目，种类也非常的繁多，它收藏的科技产品和所涉及的科技门类是其他同类型的博物馆所不能及的。而我国的北京科技馆和台北的自然科学博物馆属于综合型的科学技术类博物馆它们二者所展示的内容不仅在种类上更加的创新，而且在陈列设计中也别有一番风味，既符合我国青少年的成长，也符合科学技术文化的宣传原则。

科技陈列馆也可以分很多种的陈列类型，也就是说可以将不同的科技展现在不同的展厅之中，每个展厅有自己独特的主题。这些展厅可以分类为科技史展厅、专题科技史展厅以及现代科技展厅。不同的陈列设计方式能够带来不同的参观体验，也能体现不同的教育目的。不管是什么类型的感情，都要以历史为切入点，让参观者感受到科技的明显进步以及科技为我们现代生活带来的种种便利。在科技史展厅中，我们可以展示一些古代的便利发明，从而让参观者感受到古人的智慧，也能体会到科技的发展起源。在这类的展厅中，展品的陈列设计其实没有必要太过于系统性和顺序性，最重要的是将历史展品活跃在大众的面前，将一些他们不了解的原理，用大白话或者是简单易懂的文字表达出来，结合上一些影像资料，让他们了解科技史的发展历程。在专题科技史展厅中我们可以选择的展示类型就有很多了，比如说汽车和飞机的发展历史都可以作为很重要的展示元素来进行设计。人类在最开始发明汽车时，汽车的工作原理以及汽车的外观长相等等都可以作为展示设计中的素材，我们可以让参观者在观看这些图片或影像的过程中了解到汽车的发展过程。在现代科技涨停中，我们可以展示一些生活中比较常见的科技，也可以展示一些生活中所涉及不到的先进科技。现在的青少年和儿童在日常生活中能够接触到很多的高科技产品，比如说手机和平板、电脑等等，这些设备在他们手中都能够得心应手地使用。因此我们在展览的过程中要展示一些他们在生活中不常见的科技产品，比如说机器人之类的科技产品，还有就是航天方面的科研成果和科学技术，在普及的过程中还能激励青少年与儿童奋发图强。

为了科普而设计的一些陈列项目，其实还有另一种目的就是作为一种教育青少年以及儿童的工具。我国的科学家以及技术人员已经结合我国的教育情况，为青少年和儿童设计了一种装置，这种装置可以演示众多的科学技术实验，也可以作为宣传手段，为他们展示一些科学技术发展状况。在科学家和技术人员的共同努力下，这项装置已经越发成熟，发挥的教育作用也在日益显著。这个装置不仅结合了教育以及传媒手段等等因素，高科技的融入也使它更加吸引人。

科技类的陈列设计，无论是什么样的风格都是十分有趣的。它在吸引大众的观赏兴趣上具有天然的优势。每个人都想了解历史的科技发展，以及对未来有一种美好的憧憬，因此科技类陈列设计一定要符合大众的需求，在艺术风格上更加创新，使用简单的色调以及创新的配置刺激参观者的五官。

（四）造型艺术类陈列

造型艺术类陈列在我国也有很多著名的博物馆这一类的陈列设计，在实际的博物馆建立应用中，主要分为两大类，第一类是艺术通史陈列，第二类是艺术的专题陈列。艺术通史陈列从字面上来看，同样是以时间线为主要依据来进行陈列设计的。利用这种陈列设计方法，可以让参观者感受到艺术的发展过程，以及艺术未来的发展方向。比如说我国著名的北京故宫博物院，经过上百年的岁月依旧昂然屹立，受到了全国人民的喜爱。故宫博物院中以时代为经，展示了众多的艺术成果。就故宫博物院的外观而言，就是一项非常重要的艺术瑰宝，它符合中国人民的审美标准。在当今社会，很多人在装修自己家房屋时，也会装饰成宫廷复古风。由此我们可以看出，艺术虽然诞生在不同的时期不同的地域，但是在大众的审美中，艺术跟时期和地域完全没有关系，好的艺术就会被保存下来，在艺术的发展和演变过程中经久不衰。而在艺术的专题陈列中，我们可以通过系统的陈列设计表达专题的特点，在空间上设计一条合理的参观路线，让参观者有迹可循。它相对于艺术通史来说，需要遵循的规则就不一样了，艺术的专题陈列在设计过程中不需要过分的强制设计，反而设计过程比较自由，可以给观众留下更多的自由观赏余地。

陈列设计艺术，最让人难忘的就是完美符合大众的审美情趣。一个优秀的陈列设计，可以让参观者感受到展品的独特魅力而又体会不到展品是存在一些人为的设计或者是装饰的，就不像是陈列在一个刻意的环境中的展品。只有陈列设计达到这样的效果，才能算得上是一个成功的设计。设计师在对陈列进行设计的时候，其实是需要一些特殊的手法来对展品进行修饰和衬托的，怎样才能让参观者感觉不到是刻意修饰的呢？主要方法是将展品真正融入周围的渲染和装饰中让周围的装饰符合展品的特征，只有这样才能达到这样高超的设计境界。其次陈列设计过程中所使用到的装饰一定要简洁典雅，给人一种朴素的感觉。事实证明，复杂臃肿的装饰只能降低展品的高度，甚至把整个博物馆都显得非常低俗。

灯光照明的应用也是在陈列设计中包含的，而且他占有非常重要的地位。在博物馆的某一个展厅中，我们用灯光照亮展品的同时，会让它跟周围的环境形成鲜明的对比，一明一暗。这样的设计可以直截了当地吸引参观者的眼球，激发他们的参观学习兴趣，这一点是抓住了人们的生理反应，但是在具体的陈列设计过程中，我们要选择最佳的亮度和角度对展品进行补光处理。在选择灯光照明的时候，我们也要注意博物馆中有些文物是不能直接接触光照的，为了保护文物，我们也要对博物馆中的展品进行仔细的确认，以确保文物不被灯光破坏。当我们初步拟定好灯光照明设计后，也可以对一些特殊的陈列项目进行灯光模拟，在实验装置的作用下我们可以看到具体情况下展品受到光照是什么样的效果。

在博物馆陈列设计中，关于安全方面的设计是首要目标，不光是对参观者人身安全的保护，还有对艺术收藏品的保护。首先博物馆在经营和管理的过程中，要保证参观者的人身安全。博物馆空间设计的过程中要安排出一条安全通道，为一些紧急情况提供便利。其次是对博物馆中陈列道具和展品的保护，博物馆中有很多的展品都是文物，具有很高的经济价值，所以在陈列设计的过程中，要做好安全防盗，保护好文物的完整。因此在这样的前提下，设计师就需要考虑展品的实际情况。对于一些特殊的产品，我们需要把它放到展柜或者展台上进行陈列，在封闭环境下，产品在陈列的过程中，难免会失去它特有的魅力。但是如果从文物保护的角度出发的话，封闭的环境是对文物最好的保护。因此设计师在进行陈列设计时，要充分结合这些实际情况，把握好隐藏和展示的度。

第三节　展览陈列设计的原则

一、基本条件

（一）陈列大纲

我们在确定陈列设计方案的前提是陈列大纲的设立。结合我们每个人的学习经历以及教育经历，我们可以得出，不管是任何方面的事业，都需要结合大纲来确定学习内容和教育方法。博物馆陈列设计也不例外，它也是需要在大纲的指导下进行具体的设计活动，大纲不仅是对设计行为的指导，同时也对整体的设计思路和设计方法进行了框架的划分。在具体的设计过程中，我们可以将陈列大纲向我们所进行的教学活动一样划分成几个单元来分别进行。陈列大纲作为设计的准则，虽然不会面向我们广大的参观者，但是参观者在参观的过程中，能够从众多的陈列设计以及展品设计中领略到大纲的具体内容。陈列大纲是具有一定的系统性和科学管理性的，他能够将陈列设计中各个部分、各个单元之间相互联系起来。

一个准确的设计大纲，应该是在确立博物馆的陈列主题后所拟定的，拟定好博物馆的陈列主题，我们就要选择展品的数量以及具体名目，这些元素共同组成整体的设计大纲。大纲的拟定需要用文字进行具体的阐述，对陈列的原则也要做出明确的规定，设计师在参考的时候会按照大纲中最基本的逻辑关系来设计一个草图。而对于展品的选择要以现有的展品为主，对于所缺的文物，我们可以利用一些科技手段来进行复制或者是补充，这样的手法也分为很多种，对于一些简单的物件，我们可以通过技术手段来进行仿制，用替代品来代替。对于一些无法替代的展品，我们可以借助多媒体设备，比如说在展厅中利用影像参观者展示展品的外在形象以及内在含义等等。需要注意的是，这类的展品比例不能过多，博物馆中大部分的展品都应该是实物。我们选择好具体的展品后，就要把这些展品进行编制列入陈列大纲的基本要求中。

陈列大纲拟定的水平也进一步影响着陈列设计思路的进行，具体的陈列设计其实就是对陈列大纲的一种扩大和创新型的展示。陈列大纲到底对陈列的要求做出了什么指示？提供了什么便利？解决了哪些问题？这些都是值得思考的。

第一，陈列大纲有陈列宗旨，它使陈列的目的性、针对性明确。这不仅使下一步工作意义明确，而且对分工合作的所有人来说能够统一步调与方向。

第二，陈列大纲的结构确定了陈列布局的结构，否则布局走向、展厅安排、划分无从下手。

第三，大纲涉及的内容、细目是艺术设计时必然要逐个安排的，如实物、辅助展品数量、体量、形制纷繁复杂，文物价值和在陈列中的地位各不相同，没有大纲的明确规定和提示，艺术设计很难区分主次。

第四，我国博物馆陈列工作数十年摸索出的陈列大纲编写体例是行之有效的，其中关于文物组合方法，给艺术设计提供了成组文物展品的科学形象化处理手法。对于设计师来说，接手陈列大纲后应从宏观上作出分析：依据大纲掌握这个陈列的性质，然后才能选择合适的处理手法。

第五，大纲基本上把陈列的分量反映出来了，设计师通过熟悉大纲的内容了解其涵盖范围，确定陈列规模，这直接涉及对空间的利用、经费预算、人员技术力量的投入。

第六，依据大纲确定的陈列性质规模，设计师对形式风格作最初的设想和最后的完善。

一个好的陈列大纲在拟定的过程中一定是思路非常清晰的，而且大纲中的层次鲜明，能够让人一眼看透，而且对于重点设计的要求也非常的鲜明突出。陈列大纲中对各展厅之间的空间分布要求要十分详细，以便于设计师在设计过程中能够结合具体的空间进行合理的分配。所以说在拟定陈列大纲的过程中，与陈列设计人员共同探讨，共同分析，能够对整体的设计效果起到非常大的帮助，也能够大大节省设计时间。

（二）展品

在具体的陈列实施过程中，展品是要面向大众的事业的，不仅要让参观者观察到展品的外在形象，而且也要通过一些其他手段，来让参观者感受到展品的内在含义。博物馆中的展品大部分以文物为主，在一些特殊的展厅还会存在生物标本，而且大部分的展品都是以食物的形式而存在的，也有一小部分展品，现实生活中已经缺失，但是在历史发展长河中具有重大历史意义，因此我们只能通过一些科学技术手段来对这些展品进行还原展示。在众多的展品中，我们不光能看到实物展品，还能看到一些辅助展品。在博物馆实物展品的陈列设计过程中，我们也要对辅助展品做出具体的要求。我们平时所熟知的辅助展品大概分为几类？比如说地图、照片、模型、影像设备以及景观箱等等。这些辅助展品有两个共同的特征，第一点是具有一定的科学性，第二点是具有一定的艺术性。在陈列设计中，我们之所以会用到这些辅助展品，最主要的目的是对实物展品进行衬托，从而突出展品的主要特点。还有一些辅助展品在烘托的过程中会引用一些文字说明，对博物馆展品进行简单的陈述，以供参观者了解。

设计师在对陈列设计制订方案之前，首先要对所有的展品进行一定的了解，只有对展品充分研究以后，才能对博物馆的陈列主题以及如何去进行设计，有一个大体的思路。在了解完所有的展品之后，设计师心中往往会对所有的展品进行一个整合，或者是系统的分类，在设计过程中根据展品的分类进行一些创新的设计。在博物馆陈列中，每一个展品都有它独特的属性，在设计师眼中这些属性就好像一个个鲜活的生命，如何使这些展品赋予生命特征，就是设计师要仔细考虑的。比如说博物馆中的展品大多以自然属性为主，都是历史遗留下来的文物，同时也具有一定的社会属性，也有一定的教育意义，这些作用都是具体设计过程不能忽略的因素。我们从展品的外表就能了解到它的重量以及材料，这些在设计过程中都是一些重要的指标，为了突出他们的独有特征，我们在选材和造型的设计上就要多下功夫。

对于展品本身而言，他们大部分都是文物，因此比较娇贵，在设计过程中也要充分考虑到文物现在所保存的环境是怎样的。博物馆陈列设计中也要还原文物的保存方式，不管是空气中的湿度还是保存的温度，都要 1∶1 还原，避免这些文物出现损坏。

其次设计师在设计过程中需要考虑的是展品在博物馆陈列中所处的地位。也就是说某一件展品是否需要跟其他的展品进行组合展示，或者是是否需要制订一个独立的展台进行展示，这些都是根据展品自身的独特魅力所决定的。此外，设计师需要考虑的展品问题是他们是否能够裸露在外。对于一些娇贵的文物经过时间的洗礼，他们能够与空气或者是水分发生反应，从而影响文物的整体形象，而对于一些文物而言，则不需要考虑这些因素，因此在设计过程中也要结合展品的实际保存状况，对展示柜进行相对应的设计。

（三）场地

博物馆陈列设计过程中离不开对场地的研究。博物馆在建立的过程中可能会有室外部分，因此在具体的层面设计中也要考虑这方面的因素，到具体的场地进行调研，从而真正了解到陈列的空间规模以及空间范围。

博物馆的建立是一个精神文明空间的建立，它可以让参观者在一个实体空间内感受到浓重的历史文化气息，也可以在这样的空间内进行学习与交流。参观者不仅能够感受到独特的造型以及浓厚的艺术范围，还能感受到陈列设计师在设计过程中的良苦用心。因此设计师在对陈列设计进行思考的时候，也要针对当地的一些文化情况和民族特色设计一些特有的展示环节。陈列场地为博物馆的展示提供了大量的空间，设计师在设计过程中要充分利用好每一部分的空间，不仅要对博物馆文物进行良好的保护，也要充分展示他们的重要特征，在为参观者提供参观游玩场地的同时，也要让他们在隆重的历史文化氛围中学习到一些历史知识，感受到古人的智慧。因此这就需要设计师对场地进行优化处理，从而符合大众的审美以及学习要求。大众的审美标准往往和博物馆内部的艺术环境挂钩，设计师利用建筑的特点来对展品进行衬托的同时，参观者的视线往往会被展品所吸收，对周边的环境稍微有所忽略，因此在空间环境上绝对不能简单进行思考,随意设计，在经过设计师慎重考虑后，利用简约的手法来体现环境的独特魅力。

在设计中，对场地环境应把握住下述几点：

（1）建筑构成总貌，它包括建筑空间序列的安排、内外面积的分配、展室面积、厅室间的连接、室内净高、可利用展线的长度、上下层的联结通道、建筑的体形、体量、尺度比例等自然参数以及原采用的模数。

（2）建筑的配套设施，即采光、照明、通风采暖方式、消防通道、人流疏导线以及为观众服务的设施等。

（3）建筑的结构方式和材料选用，这直接关系到陈列设备装置方式、位置确定，关系到对重型展品的安全方式选择。

（4）建筑层数门厅与序厅，这涉及陈列布局、人流以及垂直运输通道。陈列厅的布局关联着参观路线安排。

（5）陈列厅原装修方式、材料与色调，它关系到与设计中形式的协调。

（6）广场区的范围及周围环境状况的把握。设计师掌握了已定建筑的上述参数后，就有可能根据内容要求和设计意向进行空间规划和艺术处理，并从实际需要和可能出发，对现有空间进行"二次设计"，以期得到最合理和有效的利用。

（四）经费

不管是博物馆的陈列设计还是设计方案完成后的实施阶段，都是需要经费来支撑的。当今时代，任何需要人力以及物力的情况下都需要经费的保障，设计师一旦确立了陈列大纲，以及明确了具体的展品目录以后，就需要相应的经费才能进行艺术设计。设计师在拟定好设计方案之后，需要对经费做出一个大概的预算。在设计师精心的计划下，有条不紊的财务部门，在需要的时候进行拨款支持。在具体的设计方案确定以后，我们就能够确定具体的经费，从而根据具体情况进行材料的选定和艺术的装饰。经济预算在设计师的设计过程中也起着重要的作用，设计师会根据经费的多少来选材，还有对陈列设备的装饰等等进行筛选，在预算经费的范围内，对陈列设计做出最好的回应。

1. 陈列、展览的性质和规模

博物馆中陈列的展品大部分展览时间都比较长，而且博物馆的规模相对来说也比较大，因此在短时间内，博物馆内的陈列设计不会有太大的变动。如果在某些展厅的陈列设计不符合当初的设计要求，或者是对社会和大众没有教育意义，博物馆会选择对展厅的设计进行略微的修改，但是这些调整改动也是比较小的。因此在陈列设计的过程中，我们需要考虑到展览的性质和规模等等因素。在选材和配套设施的选择中要长远考虑，在经费允许的条件下，选择最优的设计方案，保障博物馆的长期运营与管理。因此经费是确保展览性质和规模的保障，只有设计师了解到经费预算，才能完成一套方案的设计工作。

每个博物馆一般都分为很多个展厅，每个展厅的陈列展览标准也是有所不同的，根据展厅内的主题变化而变化。因为展厅之间有区别，因此在陈列设计过程中，每个展厅能够运用的经费所占总经费的比例就会有所区别。所以说设计师要根据展厅的实际展出情况，实事求是设计陈列方案。

2. 投向

当我们考虑到经费的投向时，首先要结合的是设计方案。无论是方案的设计过程，还是方案完成后的实施过程，都需要经费的保障来完成，所以我们就能够看出来经费的投向大概分为两个方面。第一方面是可见性投资，可见性投资从字面意义就能够理解，它指的是花费经费之后，我们可以看到它的实际效果，或者是看到某些实物。比如说一些陈列设备的选购，或者是展台和展具的制定等等这些东西都是我们肉眼可以看到的实质性物体。还有就是陈列设计中对博物馆建筑的装饰和改造等等，这些都属于可见性投资。第二方面的经费投向就是消耗性投资。所谓消耗性投资指的是在方案设计或者是方案实施过程中所消耗掉的费用，这一部分费用可能看不到一些实质性的报酬，但是也是不可或缺的，比如说工作人员的差旅费用还有采购的材料需要运输费用等等，这些经费的消耗虽然不会给博物馆带来实质性的物体，但是也会为博物馆的陈列设计和方案实施带来贡献，也是不可或缺的。

在博物馆的陈列设计过程中，经费承担着不可或缺的保障作用，但是经费的安排通常也分为两种情况。第一种情况是总经费已经确定的情况，在这种情况下，设计师在设计过程中就要对各部分的设计进行权衡，对每一部分的设计都要做出细化的设备名单，或者是材料需要，进而权衡各个部分之间的经费比例。第二种情况是设计师按照设计要求和设计大纲的规则来进行设计，对每一部分所使用的材料和设备进行总和计算然后列出详细的开支表，再确定投入经费的多少。第二种情况的设计，从经费的角度看的话，可能会出现明显的收缩或者是膨胀，因此在较大开支项目上一定要慎重，在设备以及材料的厂家选择上要谨慎，安排好专门的负责人进行采购验收的环节。但是无论是哪种情况的经费保障，都一定要考虑到不可预见的经费消耗，在设计工作完成后，实施的过程中，要对各项进行细化的计算。

总而言之，一个出色的博物馆陈列，要求设计师能够准确地从预算经费中思考出设计方案，能够在不突破原有预算经费的情况下，使博物馆的陈列设计效果达到最佳，而且在各个展厅之间的设计权衡和经费预算权衡都能做得比较好。

（五）设备与材料

陈列设备，通俗地讲，我们可以称之为展具。展具在博物馆陈列设计中是一个重要的项目，而且展具设计过程中需要考虑的因素非常的多。比如说博物馆的建筑结构和所占面积都是展具设计过程中需要考虑的重要因素。在设计师的设计过程中，他会了解到博物馆中具体要展出哪些展品，有一个具体的名目在手里，因此在展具的设计上，设计师会根据每个展品是否需要陈列设备来进行设计，在某些不需要陈列设备的展品中，就可以省出一部分经费，用于其他地方的装饰。在设计过程中特别需要注意的是这些陈列设备的尺寸和所占体积，因为博物馆中每个展厅中的展陈空间都是非常有限的，在有限的空间内，我们既要为参观者设计出一条合理的参观路线，还要将展品放置在参观者的视线范围内。这就要求设计师对陈列设备的尺寸进行仔细的斟酌。在陈列设备的制作材料上也要结合展品的实际情况来选择有一些展品的质地在展览的同时需要表现出来，因此在陈列设备的材料选择上，我们可以选择一些金属或者是色泽比较深的木质材料，这样能突出展品的质地特点。陈列设备的造型也是多种多样的，不同的造型能够改变原有空间的形象，也能够让人感觉耳目一新，在充分考虑到使用功能后，对陈列设备的造型进行合理设计也是一项艺术活跃因素。

博物馆陈列设计中的选材问题一定要考虑多方面的因素，首先材料的功能性必须是完备的，符合展品的展示特征，又符合展厅的主题。其次材料的选择也要符合大众的审美标准，适当地采用一些特殊的造型，吸引参观者的观赏兴趣，也是有必要的。还有就是在选材过程中，一定要考虑材料是否能够长期使用，因为有些展品的重量是比较大的，在考虑到承重能力后也要考虑到它的耐久能力。对于一些木质的陈列设备，我们需要考虑它会不会随着时间的延长而腐朽；对于金属材质的陈列设备，我们需要考虑的是它们是否会生锈，进而对展品造成伤害。因此在有限的经费条件下选择最好的材质，后期进行维护的时候也非常方便。

在博物馆的展示厅中，我们可以看到它的装修风格以及设备的制作，都是在共同的展陈空间内的。而在有限的经费保障下陈列效果，究竟要走一个什么样的装修风格，也是值得思考的。在装修风格的设计上，一定不要过于雍容华贵，因为在博物馆陈列中，我们需要突出的是展品的特征和展品的历史意义，如果让参观者进入展厅后，他们完全被这里的装饰和装修效果所吸引，那我们的展品陈列就会变得毫无意义。因此装修效果和装饰都是用来衬托展品的，要想取得最佳的欣赏效果，就要使用质朴简约的装修风格加上一些小的修饰手段，来突出展品的重要特征，这样才是我们预想到的艺术结果。在博物馆的装修装饰以及陈列设备的制作过程中，我们需要用到一些对比的手法，这些对比主要体现在展品与周边的装修装饰形成的对比。装修风格一定要符合博物馆的陈列主题，更要衬托和突出展品的主要特征，所以在材料的选择上设计师就要协调两者的关系，将最直观的展品观赏体验展示出来。其次，装修和设备的制作都需要结合当代的审美标准，在具有实用价值的情况下，也要考虑它的美学价值。美学价值不仅要让参观者感觉到它的独特外观，还能让参观者从中感受到展品有被衬托起来。

设计中对材料的选择应注意下述几条：

（1）无论陈列、展览项目规模大小，材料选用应当有整体的系列的考虑，这样既符合整体感要求又避免盲目地选用材料和支离破碎地使用材料。

（2）应当考虑陈列内容与类型选用材料。从总体上确定陈列性质、格调、规格，决定材料及设计的档次。从具体展品着手亦应量体裁衣，按展品的质地配料。

（3）应当依据经费投入选择材料，特别是经费不充足的情况下，应当高低档搭配，采用重点部位与一般部位区别用料的办法处理。

（4）选择材料应考虑制作加工条件。盲目选用，制作又实现不了，加工有困难，不能在陈列中突出材料特色也不足取。

（5）陈列、展览筹展制作时间有长有短，展出后也有长有短。这样，时间长短、气候、温湿度变化都是影响材料效果的自然因素，不得不考虑。长期的陈列，自然应当选用一些永久性材料和可以深加工的硬质材料，短期展览则不必。

（六）制作工艺

博物馆的陈列和展览其实是一种对历史文化的宣传，虽然说在博物馆中展示的展品都是以实物居多，但是这些实物对于社会以及大众来说都是一种精神食粮。从博物馆陈列设计阶段开始到博物馆正式开门经营一系列的工作都不是靠几个人完成的，靠的都是一个一个的群体和团队分工合作来制作和实施的，因此在制作工艺的把控上就提升了难度，设计师要把握好总体风格，协调各个环节的制作工艺。因此当博物馆陈列设计方案确定以后，我们就应该选出负责制作工艺方面的管理人员和监督人员。

制作工艺的好坏受很多因素的制约，影响最大的就是制作技术。所以在保证制作工艺良好的情况下，我们要对经费的支出进行严格的把控。在制作技术的选择上，如果这项技术对博物馆陈列设计要求会出现延误的情况，那么这项制作技术我们就不能采用应该选择其他的制作技术。因为在经费的严格把控下，所有的工序都应该按时完成，并且要保证制作质量。其次在制作工艺的选择中也要考虑到它的加工费用，如果加工费用过高也不宜选用。在当今时代有很多的制作工艺团队，设计师在选择的过程中可以根据各个团队的技术能力和材料的选择进行筛选，选择能够适应博物馆建设的技术力量。

设计师设计出来了完美的设计方案，接下来就需要各部门严格地去执行，但是如何才能将设计师的智慧完美体现出来呢？这就需要通过优良的制作工艺来实现，因此我们也可以说制作工艺是对博物馆陈列设计方案的完善过程。

以上我们阐述了博物馆陈列设计中所要遵守的几个基本条件，这些基本条件在所有的博物馆建设中，都是要严格遵守的，但是也并不代表是全部的条件，因为博物馆陈列设计在实际执行过程中要结合当地的很多历史事实以及历史文化，这就对不同的博物馆设计做出了具体的要求。陈列大纲是设计师智慧的产物，无论是设计过程还是方案完成后的实施阶段，都要严格按照陈列大纲的要求来。我们所做的设计主要是面对社会以及大众的，因此我们在设计过程中也要考虑到大众的参观体验和学习感受。无论是实物展品还是辅助展品，都是博物馆的一分子，在设计过程中都要投入同等的经历，做到雨露均沾，在有限的经费保障下，物尽其用。设计师的思路总是循着这些因素进行运筹、决断（图 1-3-1）。

这些条件都各具特性但又相互依存。这些条件都制约着总体设计，但又分别为总体设计创造着依据。这其中很重要的是这些条件都不是固定不变的，而是处在变化中，它们之间是一种辩证统一的关系。

图 1-3-1　陈列设计依据条件关系图

二、基本原则

（一）合理参观流线

展陈设计空间的最大特点是具有很强的流动性，在空间设计上采用动态的、序列化的、有节奏的展陈形式要遵从这项基本原则，这是由展陈空间的性质和人的因素决定的。人在展陈空间中是处于参观运动的状态，在运动中体验并获得最终的空间感受的。这就要求展陈空间的规划设计必须以此为依据，以最合理的方法安排参观者的参观流线，使参观者尽可能不走或少走重复路线（图 1-3-2）。

图 1-3-2　罗利自然研究中心（博物馆）

（二）把握陈列主题

根据博物馆的陈列主题不同，我们可以将我国的博物馆大体分为两种类别，分别是社会科学类和自然科学类。在我国的博物馆中，社会科学类所占的比重是比较大的，也是因为这一类的博物馆具有非凡的教育意义和历史文化宣传意义。对于社会科学类博物馆而言，他展示的都是人与事以及人与社会的协调发展，不管是历史还是现在都具有重要意义。因此这一类的博物馆在陈列设计中不得虚构，也不能对历史事实进行过分的渲染，一定要在陈列的过程中将原汁原味的一面展示出来，还原人与社会的本质。而艺术类的博物馆陈列设计是要通过一些具体事物来反映历史中的艺术审美，从而与现代的艺术形成对比，让人们感受到艺术的发展和审美意识的变化，同时展露艺术美的真正含义。而自然类的博物馆主要是向大众和社会展示自然发展规律，无论是人类的发展还是大自然的发展都是在自然规律下进行的。这一类的博物馆也能对大众进行教育和宣传，能够有效呼吁人类对大自然实施保护，在我们依靠大自然赖以生存的同时，我们也要尊重大自然。在自然类的博物馆中，也有一部分是科技类的陈列展示。科技类的陈列可以让人们感受到现在的科学技术是怎样发展的，它的起源又是怎样的，从详细的历史中探索科学的真谛。总体来说，无论是什么类型的博物馆陈列设计都要围绕艺术的宗旨进行整体形象的构思，在主题确定以后进行细化的内容设计才是优秀的博物馆陈列设计。

在我国各种类型的博物馆陈列中，每一家博物馆都有自己独特的陈列主题，这个主题就是博物馆的思想。而且博物馆中所陈列的展品也都是围绕这个主题展开的，每一个展品的内涵都能紧扣主题思想。因此陈列设计就可以被称之为是一种艺术设计，在艺术设计的过程中紧扣主题思想，创作陈列内容，将博物馆中所展示的展品提升到一个更高的高度。经过调研，发现大部分的参观者在参观的时候会把博物馆看作是一个精神活跃空间，因为这里的每一个展品背后都蕴含着一段历史故事，这些历史故事经久不衰，过了上百上千年仍然被后人所学习。甚至有些时候，现代人还可以从古人的智慧中吸取创造力，为我们的社会作出贡献。

形式和内容相统一，这也是准确表达主题重要的一点。对于艺术理论上的形式和内容的关系，无论从哲学或美学范畴都已成了定论。研究形式和内容的关系，实质是揭示作品内在结构规律问题。本质上讲，内容和形式是相辅相成、不可分割的，陈列艺术也不例外。

形式和内容的关系是一种辩证关系，其一内容决定形式，因而形式是适于表现内容的形式。我国文论主张"为情而造文"，反对"为文而造情"，情在这里是内容和主题思想，文是形式结构和表现手法。陈列内容和主题思想在设计中的主导作用上面已经谈到了，能不能为特定的内容寻找相应的表现形式则是设计师一个重要课题了。其二，形式对内容有积极能动作用和相对独立性，尽管内容是主导的，但形式也不是消极被动的，恰当的完美的艺术形式可以使主题思想得到广泛传播、深入人心，产生广泛持久的社会作用。否则"言之无文、传之不远"，同样的文物，在库房藏品柜中和在展厅陈列环境中给人的审美感受不一样。为什么？前者是孤立游离的，后者已经融合进陈列艺术作品中，在一定的主题统领下，在一定的形式结构中，一定的艺术氛围中展示着自己的身价和地位。同一个陈列项目不同的艺术设计会收到不同的陈列效果，这是形式的相对独立性在起作用。

（三）重视展陈安全

展陈空间的规划设计中，参观者的安全、方便是必须得到保障的一项重要内容。在参观流线的安排上，必须设想到各种可能发生的意外情况，如突然停电、火灾、意外灾害等，必须制定相应的应急措施与预案，并定期组织演练。而在大型的展陈活动中也必须有足够的疏散通道，应急指示标志、应急照明系统等。同时为了方便参观者，展陈空间规划设计中还需要认真考虑参观者的通行、休息等内容，并尽可能地照顾到伤残者的特殊需求，增加"无障碍"内容（图 1-3-3）。

图 1-3-3　洛杉矶大屠杀博物馆

1. 创造文物展品的科学保护条件

从保管角度讲，展品的保护是指两方面：一是博物馆小气候环境下对文物的科学保养；二是博物馆环境内对文物安全的保护。博物馆气候是一定人控条件下的小气候，常用空气温度和相对湿度表示，这是立足于对展品的防与治，避免温湿度剧变，减少空气污染，防止灰尘、光线、昆虫、微生物等自然因素的损害。

当然，博物馆气候的创造是在大自然环境下的小气候，必然又要受到大自然环境的影响和制约。现实中不管什么地方，温湿度的逐日变化，都要受到日照、降水、风沙、观众流量等因素的牵动。建筑房间的朝向、开窗面积的大小都是直接的波动因素。对展厅环境的这些要求与藏品库必备的文物保护环境要求是一致的，设计师应当了解并将其纳入总体设计思考范围中来。

一般情况下，库房和陈列室的温度为15℃—75℃，相对湿度为45%—65%。指标在此数值之内缓慢波动，对文物的保护是适宜的。调节室内气候的措施，就国内外博物馆而言都是现代化设备和传统方法并用，要因地制宜：

安装空调设备，全自动化调节；

使用温湿调节机械设备；

封闭陈列柜；

局部（柜内）加空调或温湿调节器；

调节门窗设施，减缓室外不良气候干扰。

国际博物馆协会资料中介绍，在封闭的展橱运输箱中使用事先调节好的硅石凝胶，采取微小气候控制藏品受害的办法，成本低，效果好。

2. 防盗、防火、防震技术

我国文物行政法规明文规定："博物馆是国家必须严加防护的要害部门之一。"陈列厅是法规中列出的博物馆重点要害部门之一，它既是文物的存放点，又是观众的集散场所，同时也是筹备陈列、展览的制作现场。水、火、电都在此范围内运作，防盗与防火是不能忽视的。除去行政规章制度约束外，重要的是加强技术预防。应使用多种防盗报警设备和消防设备，形成点线面空间综合报警系统控制网，设计师在设计阶段就会同安全保卫部门制订防范措施。一些先进地区的博物馆其安全现代化程度较高，其展品—展柜—展厅—中心控制室—市内警察局、市内消防机构相联通。它从现代科技入手，与现代社会管理双管齐下，形成了博物馆安全保卫体系。这是方向。文物展品在展览中失盗，展厅环境中火灾的发生，国内外均有报道，因而更应引起设计师的重视。

3. 其他安全因素

陈列艺术设计中安全设计的第三类问题也是与设计师有直接关系。一是对展厅内外环境非安全因素的排除；二是对陈列设备安全系数的推敲；三是对陈列布展方式的选择。对环境应考虑门窗的护栏、水源、电源合理调整以及其他污染源排除。总体布局上也要考虑防盗和消防通道的畅通。"按火灾的规律，从点燃到爆炸之间一般在七分钟左右。而受烟雾的包围，往往不到一分钟的时间，在这样短促的时间内火势发展之快远远超过人们疏散速度。"为此，陈列室布展设计中对于空间环境的处理，涉及布局安排、观众疏散通道调整就不只是形式问题，要在科学合理性布局后，应有系统标志显示。

陈列设备应尽力选用安全系数高的材料和结构方式。在陈列布展方法上，应慎重选用艺术而又安全的方式。比如摆在方台上的器物是安全稳定的，但吊挂起来也许更活泼一些，但是吊挂的绳索如果不足以承受长期的应力，将会危及展品和观众的安全。实物展品陈列的高度，地面台座能否护卫裸置的展品，台面的质地会不会造成展品的滑动，等等，这些细节问题都应在设计中加以科学处理。

（四）满足实用功能

作为综合艺术的陈列、展览，不同于纯学术研究，也不同于纯造型艺术创作。它依据大纲内容作出形式设计，既要体现与思想内容完美和谐的内在形式，也要通过设计解决大量的外在形式，解决为数不少的符合布展要求，参观活动中符合人体工程学要求的造型与结构问题。概括讲，设计应适于陈列形式构成需要，做到科学合理，满足陈列物质功能要求。

从现代艺术构成原理来讲，陈列形式构成是涉及平面、立体、空间和色彩各个部分的。而且这些构成形态又都交融在一起。如版面设计多运用平面构成，设备道具多来自立体构成，空间布局又完全是空间构成各种原理的汇合。熟练地运用构成原理解决形式结构问题是必要的，但是绝不能脱离具体陈列对象进行设计。

艺术设计要围绕展品的布置和观众的参观来解决一系列功能性问题。仅展厅内主要有空间布局、展品布置、色彩光照、展柜道具设备、版面文字、参观路线等。布局是整体问题，它是限定空间内及空间范围内进行安排，其任务是把一切陈列物件分门别类进行组合配置，分别安排一定的空间位置，该连贯的连贯，该分散的分散。布局又同观众参观路线相联系，陈列内容要求连续性展出或非连续性展出，这就决定了布局安排的功能性特征。可想而知，通联式展柜、展壁可满足连续展出，散点布陈的中间立柜、展台则适合可独立欣赏的艺术品陈列，这足以说明展柜道具设备也具特殊的功能要求。陈列形式构成和物质功能需要有着自然的联系，因此又应注意处理好下述几个方面的问题：布局有变化但要合理；参观路线可以曲折但要通畅便捷；陈列设备道具应牢固稳定并便于调整；展品布陈错落有致系统有序，色彩光照应和谐宜人，版面排列高度应合适。总的来说应当是整体性强而不零乱。

陈列艺术设计想要做到科学合理，还应当以人体工程学为出发点作衡量标准，将科学性渗透在各方面：版面文字大小、字形字体、配色应当以人的视距、视环境多种因素来确定；色彩的冷暖、光照的强度都应以测定的科学数据为准。科学重在严谨，不得丝毫疏忽，计算中的数据有时要精确到毫米，在图纸上真要一丝不苟，否则部件之间无法吻合，比如玻璃橱柜的推拉轨道设置就相当精确。总的来说，科学合理应当着重以下两点：

一是结构应符合力学要求。设计中遇到不少结构上的问题，结构的方式，结构点的部位选择，都与力学相关。展品的布陈涉及重力、应力和静摩擦力作用，瓷器放在玻璃台上总有滑落的感觉，放在呢绒面上则就不用担心了。一些特殊的展品、超重的展品的承受关系应当有科学计算才行。另外设备、楼板的结构与楼板的荷载力都是设计中应科学计算不容忽略的问题。

二是选材适应加工条件。陈列设计应用材料纷繁复杂，加工方法也多种多样。审美着眼于材料个性特征和肌理效果，科学着眼于材料的性能和加工适应程度，材料性能主要指物理性能、化学性能以及各种参数，对此设计师手边应有材料学依据，陈列艺术既用到硬质材料，同时也用到软质材料。以钢铁、木、石、玻璃等为主的硬质材料多用在设备和道具，空间环境构筑上，取其性能坚固耐用；软质材料为石膏、树脂、纺织品、人造革、涂料、纸绢等取其有黏附性，多用在装饰和饰面工艺上，设计师应当熟知材料性能，选择适宜的材料和加工方法。

空间场地是陈列、展览赖以存在的最基本条件。陈列的规模和场地空间大小成正比例，选定场地应当以适用为宜。小不足以容纳展项，大则浪费面积并带来新的负担和不适用，过大的空间造成拉长展线，引起结构松散，无形中增加了观众参观路线，这是不符合人体工程学和陈列结构的合理性的。片面强调陈列空间的高大气势是不足取的。

（五）协调总体局部

展陈空间格局设定方法主要有以下几种：

1. 嵌套

大空间中套小空间，所传达的信息属同一类，但通常小空间里的展陈内容更重要。

2. 交叠

两空间产生部分交叠，用于表现关系密切的两部分展陈内容。

3. 连续

两空间无明确联系又不宜使用明显界限，一般为出于展陈内容的类似而对空间界限进行淡化处理的方式。

4. 邻接

两空间紧密相连却又有明确界限。

5. 分离

两空间展陈内容等完全不同且相对独立。

展陈空间规划设计中，可根据具体场地与预算等基本条件，综合运用各种格局设定方法，在坚持总体设计风格，突出展陈主题的前提下，进行各功能空间的格局设定做到分布合理有序，连接清晰流畅，总体与局部和谐统一（图 1-3-4、图 1-3-5）。

图 1-3-4 里尔现代艺术博物馆的整修和扩建

图 1-3-5 恩佐法拉利博物馆

第二章 博物馆展览陈列设计概述

本章的主要内容为博物馆展览陈列设计概述，我们主要介绍了两个方面的内容，分别是展览陈列设计发展进程和展览陈列展示设计内容。期望能够通过我们的讲解，提升大家对相关方面知识的了解。

第一节 展览陈列设计发展进程

一、博物馆的功能

现代博物馆的功能是收集、保存、解释和展示对公众教育具有艺术、文化或科学意义的物品。从某种角度来说，除了客观地向公众展示外，每个博物馆也会在展览中表达自己的观点乃至鲜明的态度或立场。参观各地的大型历史博物馆或城市艺术馆或许可以成为一整天的文化娱乐活动，因此对于城市领导者来说，一个健康的博物馆社区可以被视为城市的文化窗口，是衡量一个城市文化经济状况的标尺，也是一种提高本地居民文化素质的有效手段。对博物馆专业人士而言，博物馆可以被视为向公众宣传博物馆使命的一种方式，例如提高公民的文化素养或环境保护意识。

博物馆首先是知识库。1829 年詹姆斯·史密森决定向史密森学会进行资助时表示，他想建立一个"增加和传播知识"的机构。然而，博物馆这个"增加和传播知识"的机构在各个不同历史阶段的功能也伴随着历史发展而不断地变化着。例如，19 世纪后期的自然历史博物馆展示了维多利亚时代对消费与秩序的渴望，它的目的主要是收集用于研究和展示所有知识领域、包括每个分类学科的发展成果。而在大洋彼岸，随着美国大学在 19 世纪的发展，它们所收集的自然历史藏品则主要用于学术研究。到 19 世纪末叶，当大学的科研已达到细胞水平的生物学研究时，一直以自然博物馆为基地的尖端研究便逐渐地从博物馆转移到大学的实验室。虽然许多大型博物馆，如史密森学会，仍然被视为研究中心，但研究已不再是大多数博物馆的主要目的。

长久以来，关于博物馆对藏品解释的权威性一直存在争议，却丝毫没有影响各级文化主管部门与文博机构在文物藏品的保护工作中投入大量的精力、专业知识以及金钱，用以延缓文件、文物、艺术品的老化与历史建筑物的养护。所有博物馆都长期保持着对公众开放，向不同文化背景、不同国籍、不同年龄的观众展示人类文化发展中具有重要意义的文物。正如历史学家斯蒂芬·康恩表达的那样，"在一个公共场所，当你与大家一同观赏这件久闻而从未谋面的物件时，这是一个多么令人着迷的经历！"

博物馆的主要功能因馆而异。有些文博机构强调教育而不是文物保护，反之亦然。例如，在 20 世纪 70 年代，加拿大科学技术博物馆就致力于科普与教育，在展陈方式与活动安排上均在展示的基础上结合了互动的功能。比如展览中陈列的一台历史悠久的印刷机，就用来由一名工作人员为参观者当场制作纪念品，而不是仅仅作为一件不会发声的文物陈列在那里。有些博物馆则寻求广泛的受众面，如各种大型的国家博物馆。另有一些博物馆会瞄准特定的受众，如位于盐湖城的教会历史博物馆等。一般而言，博物馆收集符合其保护目的和与其展示主题有关的重要物品。虽然大多数博物馆不允许观众触摸展品，但有些博物馆却例外地鼓励观众与展品进行互动。例如 2009 年，位于伦敦西南曾属于英王亨利八世的汉普顿宫博物馆就向公众开放了它的议事大厅，为游客创造了一个互动的环境。当然展出的并不是具有 500 年历史的珍品，而是复制的仿品与服饰。通过这些刻意营造的日常场景与生活，身着历史服饰，让参观者亲身感受与领略一下铎王朝的生活。

二、现代公共博物馆的出现

现代公共博物馆首先出现在西欧，然后逐渐传播到世界其他地方。第一批"公共"博物馆通常只有中产与上层阶级才能进入。早年间进入博物馆参观并不像如今一样容易，如大英博物馆于 1759 年向公众开放时，由于担心大量人群可能会对文物造成损坏，参观者必须提前以书面形式申请入场，而且每天只能接纳一定数量的参观者。随着大英博物馆的名声在 19 世纪变得越来越大，参观人数众多，涵盖了所有年龄组与社会阶层，特别是到了公共假期，更是一票难求。

阿什莫林博物馆（Ashmolean）1677 年由私人收藏家伊莱亚斯·阿什莫尔在

牛津大学创立，尽管这个博物馆仍旧属于私人，但由于其面向公众开放，被人们公认为是世界上第一个现代公共博物馆。这里的收藏品包括阿什莫尔亲自收集的藏品，其中还包括他的园艺师、旅行家兼收藏家约翰·特拉斯肯特父子的珍贵藏品。其收藏系列包括古董钱币、书籍、版画、地质标本和动物标本。该博物馆于1683年5月24日正式对外开放，首任馆长是博物学家罗伯·特普洛特。

法国最早的公共博物馆是巴黎的卢浮宫博物馆，于1793年在法国大革命期间开放，这是首次将前法国皇家收藏品面向全民免费开放。几个世纪以来法国历代君王们所收集的那些神话般的艺术珍品每10天中向观众开放3天（革命政府的新历法以10天的单位取代了法国共和党日历中的一周），同时政府还专门组建了国家艺术馆负责卢浮宫的管理。伴随着拿破仑一世对欧洲各大城市的征服，所到之处也对当地的艺术品进行了贪婪的劫掠，这使卢浮宫的收藏品在不断增加，组织任务也变得越来越复杂。1815年拿破仑被击败后，他掠来的许多宝藏被迫陆续归还给原主人（也有不少未归还的）。尽管拿破仑雄心勃勃想成为世界文化中心的计划未能完全实现，但他那"让博物馆成为民族精神的象征"的博物馆理念却在整个欧洲产生了深远的影响。

对于早期来到欧洲的东方人来说，例如中国和日本的访客，尽管他们对在欧洲所看到的博物馆着迷，但由于文化和语言的差异，他们对于当时建立博物馆的目的性与相关的博物馆学的理念及术语还缺乏基本的了解，在掌握和寻找相应的中文或日文术语方面也存在着困难。19世纪初的中国访客根据其所包含的内容为这些博物馆命名，如将有的博物馆翻译为"庭院宝藏""某某绘画馆""古玩店""军事壮举大厅"或"包罗万象的花园"等等。日本在19世纪60年代参加欧洲世界博览会时首次遇到西方博物馆机构，他们的一位代表竟然将大英博物馆描述为Hakubutsukan（广博的物件集合）。这个译法竟然最终成为日本"博物馆"的官方名称，直到今天。而中文的博物馆一词也来自日本的这一译法。

随后，作为世界新兴力量，不断创造出新文化、新知识的美国也加入欧洲的博物馆行列，使博物馆事业更为兴旺。在19世纪末和20世纪初的这段时间通常被称为"博物馆时期"或"博物馆时代"。在此期间，在欧洲，尤其在美国掀起了一波博物馆的建设热潮。虽然大部分的美国博物馆（无论是自然历史博物馆还是艺术博物馆），大都致力于展示科学发现与艺术品陈列，但也有一些博物馆则热衷于效仿欧洲同行，专注于古典收藏品的开发，如古埃及、希腊、美索不达米亚和罗马的精品。当时有许多学者建议将更多的现代（19世纪）博物馆规划列为政府的公民教育新战略的一部分，为了将群众纳入这一世界大战略，以前受到种种参观限制的私人博物馆被要求向公众开放。从此，文物珍品，特别是那些与高级文化相关的物品和文物，成为"社会管理新任务"的工具。在第二次世界大战开始之前成为美国创新研究主力的各大学博物馆也成为整个博物馆链条的组成部分，继续致力于建立研究与展示并举的馆藏体系。

20世纪后期，在世界范围内曾发生过一场关于返还博物馆藏品的激烈争论，即将那些原属于不同国家和地区、宗教、种族的珍贵文化艺术品还给本来的创造者或拥有国。如在美国，一些美洲原住民部落和团体向有关部门广泛游说，要求遣返圣物和重新安置人类遗骸。1990年，美国国会通过了美国原住民格雷夫斯保护和遣返法案，该法案要求联邦机构和联邦政府资助的机构将美洲原住民的"文化项目"归还给文化附属部落和团体。同样，许多欧洲博物馆藏品往往包括了大量通过帝国主义和殖民化掠夺得来的文物和收藏。最为瞩目的是一些历史学家和学者批评大英博物馆藏有来自埃及、希腊和中东的稀有文物，并呼吁尽快将这些文物返还。但正如大家都知道的事实，这些争论到今天为止也并无任何结论。

三、展览陈列设计的现实意义

我们可以把展示设计当作是设计活动的首先任务，因为在展示设计的过程中，我们需要收集信息，然后将观众的最佳观看体验结合到展示设计中，经过调研来知晓观众的反馈是怎样的，只有这样我们才能知道观众的需求，进而策划出优秀的展示设计作品。

发展到当今时代，展示已经涌现出了很多种形式，比较常见的就是商业化展示和公众性的展示。无论是什么形式的展示行为，它不仅标志着人类对过去的总结，也标志着对未来的向往，能够推动人类社会的进步与发展。我们可以说展示是一种信息传播的方式，不仅体现在产品信息的传播，而且在某些情况下推销产品也是很好的手段。就它的教育意义而言，也有很多突出的贡献。不仅是在城市发展方面，我们的青少年群体在文化传承方面，都通过展示的手段深入人心。

（一）在教育科研方面的意义

教育以及科研是一个国家在发展的过程中不可忽略的重要指标。学生在学校的学习行为大多数是学的理论知识，针对实践或者是开阔眼界方面来说，学校的教育条件有限，不能给学生广阔的天地，因此博物馆科技馆这样的展览场馆就显得非常重要，它不仅可以对学生产生深远的影响，而且他们在参观具有文化气息的场所时，能够感受到历史的意义。在观看人类文明发展史的过程中，不仅开阔了视野，还能对他们的成长以及日后的学习发展起到推动作用。

（二）在商业竞争和城市发展方面的意义

在市场中商业竞争行为日益剧烈的现实状况下，展示设计的重要性逐渐深入人心，在良性竞争中，展示设计发挥着不可替代的作用。商业展示设计大多体现在城市的商业中心，大型的商场可以用到商业展示设计，通过一些宣传手段，可以让大众了解到商场的内部结构以及装修方式，还能了解到商品商铺的位置信息，在丰富多彩的展示空间中，将商业展示发挥到了极致。

（三）在文化传承方面的意义

我国历史文化悠久，但是文化的传承不仅要在学校的教育中进行，学生不在学校的时候，也要让他们体会到文化传承的重要性。展示设计可以作为文化传承的载体，在很好的吸引青少年兴趣的同时，将文化传承的元素融入展示设计中，既能够将传统文化传承到青少年的心中，还能够使他们之间进行讨论，进而加深印象，提高传承度。比如说 2008 年汶川地震之后设立的纪念馆，青少年在游览的过程中，既能看到汶川地震的遗址，促使他们不忘历史，振兴中华还能使他们传承四川的历史文化。

第二节　展览陈列展示设计内容

一、博物馆的规划

博物馆的规划首先需要明确该博物馆的目的与使命，同时对地点与藏品空间进行规划。"博物馆规划"这一专业最初是由美国的博物馆创始人兼图书管理员约翰·达纳（John Cotton Dana）创立的。20 世纪初，达纳在他的一系列著作中详细介绍了建立纽瓦克博物馆的过程。他建议，博物馆的潜在创始人首先需要成立一个委员会，向有关部门与社区进行咨询，逐步明确这个博物馆的目的与功能，以及为本城市或社区能够带来什么。根据达纳的说法，博物馆应根据社区的需求进行规划："新博物馆不应以盲目的教育为基础。它首先应该反映社区的生活和文化，倾尽精力收集展览所需的一切材料，并使该材料以最有效的手段与方式广为传播。"

博物馆的建筑规划与设计风格因其所收藏的内容而异，但从根本上来讲，首先要明确的建馆目标是：在一个公众可以轻松进入的空间里，身临其境地欣赏并能够与陈列的展品进行情感上的交流。这一最基本的博物馆理念来自达纳，在博物馆的规划中，他对博物馆的位置与选址尤为重视，对那些地处郊外，公众不容易进入的地区，特别是对那些需要改建的阴暗老旧建筑一直持有特别谨慎的态度。

博物馆是否可以为参观者提供便利的参观条件，在今天仍旧是一个问题。尽管许多博物馆尽了最大努力使其建筑、陈列与收藏比过去更公开和便于参观，但并非每个博物馆都做到了这一点。事实上，世界上的许多博物馆中所陈列的展品只是其全部收藏的一小部分，而大部分藏品通常被锁在安全的仓库中，大多数普通参观者可能永远也没有机会看到。21 世纪博物馆的开拓性尝试之一就是"开放性收藏"，一种开放式的藏品存储，即仓库成为展陈的一部分。布鲁克林博物馆的露丝艺术中心率先践行了这种开放式存储。在那里，公众可以看到仓库中没有公开摆放展品，尽管这些展品可能没有详细的说明标签和精美的陈列装饰（图 2-2-1）。然而，对于这种开放式收藏的方式仍旧其说不一，尚在探索与辩论当中。

图 2-2-1　博物馆的规划

现代博物馆与传统艺术博物馆相比，二者明显具有不同的特质。一般来说，传统艺术博物馆侧重于客观展示性，而各种现代博物馆则更具有主观叙事性。后者更注重主题策展，更强调展陈的体现形式，包括图像、音频和视觉效果以及交互式的总体展览空间的设计等。现代博物馆的建立始于一系列博物馆规划，这个过程包括确定博物馆的愿景以及实现这一愿景所需的资源、组织和经验、可行性研究、设施分析与各种专业审批都是博物馆规划过程中不可或缺的环节。

有些博物馆本身并没有多少藏品，或只拥有数量有限的文物，甚至并不一定称自己为博物馆，但它们却拥有特殊的使命：如洛杉矶的格里菲斯天文台与费城的国家宪法中心，这两座"博物馆"中的文物很少，却以大量的信息向参观者叙述生动的历史故事，这种纪念与教育的功能是一般博物馆不能替代的。相比之下，位于美国首都华盛顿的美国大屠杀纪念馆除了同样具有特殊的历史意义外，同时也在这座难忘的纪念馆中陈列了大量的文物。

二、博物馆的设计

首先需要明确指出，博物馆的设计分为两大部分：建筑设计与展陈设计。展陈设计是本书的重点，但展陈设计也往往包括建筑空间内部的设计与改造。

大多数中型以上的博物馆都会聘请专业展览设计人员进行平面与三维环境空间的展陈设计。除了传统的建筑师、二维和三维设计师外，设计团队还可能会包括视听专家、软件设计师、受众研究与评估专家、作家、编辑、制作人或各种特殊艺术人才。除了这些设计人员外，还会雇用大量的工程与制作人员负责监督合同设计与生产服务。通过对展览大纲的理解和分析，确定最有效、最有吸引力和最恰当的传达信息或讲述故事的方法。从概念计划到深化设计、技术体现、合同文档、制作、安装、验收与修改等一系列设计流程，最终竣工完成。

展览设计具有多种独特的手法和理论，其中最为惯用的是通过实物或比喻两种手段来进行叙述，特别是隐喻手法（又可译为转喻），即以一种形象代表某种含义的艺术表现形式。许多现代博物馆都采用了这种设计手段，大家公认的最具影响力的成功范例就是位于华盛顿特区的美国大屠杀纪念馆。

例如，华盛顿特区的美国大屠杀纪念馆中的"遇难者的鞋"就是一个鲜明的代表。这是成百上千双堆放在裸露的灰色混凝土墙下的一堆腐烂的、大屠杀遇难者们留下的皮鞋。展览在很大程度上就是通过使用这种隐喻手法使观众自然产生强烈的情感与感官反应来加深对展览的印象。这个设计故意弱化了遇难者的个体身份，代之以用各种不同型号的鞋来代表不同性别与年龄的遇难者群体，将他们化作整个的遇难群体来强化这场属于全人类的灾难。隐喻是一种非常强大的设计手法，它可以通过观众熟悉的东西或场景唤起他们类似的记忆并激发他们对这场人类灾难的想象（图 2-2-2）。

图 2-2-2　博物馆的隐喻设计

　　隐喻虽然是一种强有力的手法，但在整个展览中必须有节制地使用，否则会影响展览的真实性，尤其会使个体的记忆与痛苦在整体的合唱中消失。因此大多数博物馆都使用真实的文物与隐喻性的艺术手段并列。

　　展示真实文物背后的基本理念是不仅要为展览的历史叙事提供合法性，而且有时还会让叙事更加生动。这种实物展示手法背后的理论是以中性的方式展示文物，通过文物本身的真实性来加强叙事的权威性。但使用真实的文物时必须要注意叙事的连贯性，在展览中文物并不是互不相关的单独的个体，博物馆的设计要保证画面的完整性。对那些拥有海量藏品与细节片段的展览，连贯和完整设计是否合理与否的重要指标。精心设计的展览应该视文物为叙事的基础，而不是展览的全部，任何尽职尽责的策展人都应该记住这一点。

　　有趣的是，一些博物馆学者甚至开始质疑博物馆是否真的需要文物，他们暗示现在所有博物馆中的文物变得越来越少，因为它们正在逐渐被互动技术所取代。尤其随着教育功能在博物馆中不断发展，大量的真品收藏已经逐渐消失。人们或许不应将这一现实视为一种消极的发展趋势，有学者认为，绝大部分参观者并不在意是否看到真品，真品应当存于档案库中，供那些真正需要见到它们的学者参观。这种现象目前在各国的科学博物馆中尤为普遍，即便是历史与人文类的博物馆中，大量使用仿制品也极为常见，如著名的英国维多利亚与阿尔伯特博物馆（图2-2-3）。

图 2-2-3　博物馆的仿制设计

（一）主题形象

不言而喻，每一个博物馆都有自己的主题，如第一次世界大战博物馆、犹太大屠杀纪念馆等。但主题不仅仅体现在博物馆的文字标题上，而更应调动一切手段将主题形象化视觉化，力求以生动的艺术形象使观众过目不忘，进而引发强烈的共鸣并产生长久的印象。

图 2-2-4　伦敦战争博物馆的大门口

设计要点（主题形象）：伦敦战争博物馆的大门口，观众在进入博物馆前迎面看到的就是一尊巨大的第一次世界大战时期的舰炮，雄伟的炮口直至天穹。那么作为参观者，看到它你会对即将进入的展厅有何期待呢？

主题形象是每一个设计师从设计一开始就在努力寻找的目标。突出的主题形象可以是一个具象的物体，也可以仅仅是一种激发观众联想的特殊材质或肌理，它不但可以丰富展出环境的艺术含量，能帮助主题精神的传递，还可以加强展览的戏剧性和观赏性。比如在东京大江户博物馆的那座夺目的江户大桥，作为整个展览的起点，参观者全部由六楼的入口进入展厅，宏伟的木桥立即出现在你的面前，走上桥面看到的是桥栏上精美的铜饰，对面是一座座江户时代的建筑模型，桥下则是流动的人流。此刻，站在桥头不必挪步，江户时期"昔日的繁华"迎面扑来，一座木桥带给你不尽的遐想（图 2-2-5）。

图 2-2-5　东京大江户博物馆

设计要点（主题形象）：东京大江户博物馆的展陈设计中那座夺目的江户大桥，作为整个展览的起点。

图 2-2-6　美国的哈雷摩托车博物馆

设计要点（主题形象）：美国的哈雷摩托车博物馆的主题体现则采用了不同的方式，它没有突出某一具体形象，而是选用钢铁的材质来烘托出那种雄性的奔放。

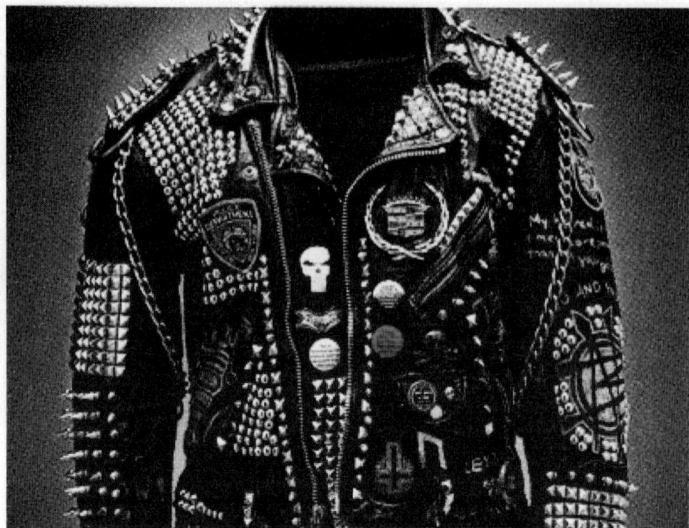

图 2-2-7　哈雷摩托车博物馆

设计要点（主题形象）：哈雷摩托车博物馆贯穿形象的铁钉，灵感来自摩托骑士的服饰。

任何一个展览会都需要选好一个主题形象，在展示的过程中，大众看到主题形象就能知晓整个展会的展示内容，以及展示目的。主题形象主要是体现展会的整体质量的表现，其次，它也是一个重要展示信息，是向大众展示展会意义的标准。因此主题形象的设计一定要符合整个展会的展览大纲。

（二）想象力

想象力在设计过程中的重要性是毋庸置疑的，它是任何一项设计的灵魂，设计师在设计的过程中可能会有一个想法在大脑中闪现一下，如果设计师能够抓住这一个机会，就有可能创造出一个举世闻名的艺术。因此在设计的过程中想象力贯穿着整个设计过程。比如说设计一个海洋馆，在设计大纲中我们可以看到有大海两个字。随后我们想到的元素就是海水以及海里面的生物，还有就是海面上的海岛帆船等等，如果加上一些奇思妙想，我们还可以融入一些海面上的恶劣天气，比如说海风带起的波涛以及海啸等等。

事实证明想象力是可以依靠后天的学习和培养来养成的一种能力。要想具备更高水平的想象力，不仅要对很多的书面知识进行学习和了解，还要仔细观察日常生活中的点点滴滴，这样才能有一个良好的想象力。有了丰富的经验，在设计的过程中，我们就能够结合不同的设计要求设计出能够与大众产生共鸣和联想的设计。首先在想象力的培养中，需要的是知识的学习，在这个知识储备的过程中，我们要怀揣开阔的眼界，接纳各个领域各个方面的信息，像一个刚出生的孩子一样看待这个世界，对所有东西都是好奇的。想象力在设计师眼中是一项重要的智慧，是设计师特有的品质。

　　想象力的培养过程绝不可能是短时间就能完成的，它不仅需要系统的培养，而且需要设计师在养成的过程中不断地积累经验，经过长时间经验的积累，才能在大脑中形成大量的素材。只有这样在面对不同的设计要求时，才能有更多的想法以及联想。想象力匮乏的表现就是日常积累少的表现，任何一个设计师的想象力都要与他的学习态度和学习能力挂钩。

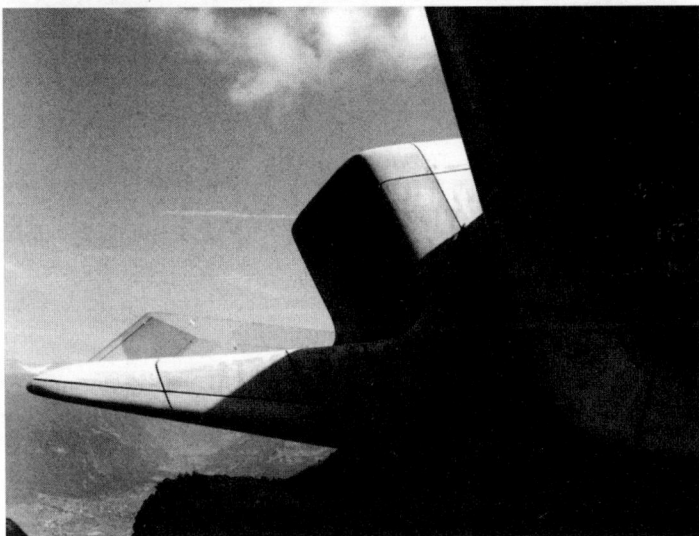

图 2-2-8　柯洛内斯山地博物馆

　　设计要点（想象力）：柯洛内斯山地博物馆由扎哈·哈迪德设计，它就像一块天外飞来的巨石被卡在一座山头上，它成为整座山峰的一部分，站在博物馆伸出的挑台上就如同站在悬崖的边缘。

　　墨西哥有一座非常奇特的博物馆——水下雕塑博物馆。这是一座世界上最大的水下博物馆，这里有近 500 尊雕塑，都是由生态混凝土制作而成的，为那些海洋生物提供良好的生长条件，可以保护它们的生态环境。这些雕塑的四周都长出了海藻，鱼群时常会穿梭在其中（图 2-2-9）。

图 2-2-9　墨西哥坎昆水下雕塑博物馆

设计要点（想象力）：墨西哥坎昆的水下雕塑博物馆，如果你想参观里面的展品，就必须要背着呼吸器深入水中才能看到，这座博物馆也是世界上最大的水下博物馆，游客们对这一奇妙的构思无不惊叹。

（三）视觉符号

用某个具体形象或符号将文字的内涵表象化，这一具有象征与联想性质的手段是我们最常用的艺术手法之一。例如，莎士比亚曾将世界比作舞台，将世上的男女比作登台的演员就是典型的例子。其他的例子还有生命被比喻为一盏灯，或是一盘棋等等。

博物馆的展陈设计同样具有视觉呈现的使命，它与所有艺术门类一样（如舞台设计或电影美术），怎样才能将展览大纲中的文字转化为生动的形象语言，呈现特定的环境氛围，这无疑是对每一位设计师才华的考验。

图 2-2-10　第一次世界大战博物馆序厅

　　设计要点（视觉符号）：第一次世界大战博物馆序厅，参观者从一座透明的玻璃长廊进入展厅，在他们的脚下是一片美丽的罂粟花田，我们知道罂粟花是纪念第一次世界大战阵亡者的象征物，智慧的设计者就是选取了这一极具象征意义的罂粟花作为讲述第一次世界大战历史的开篇。

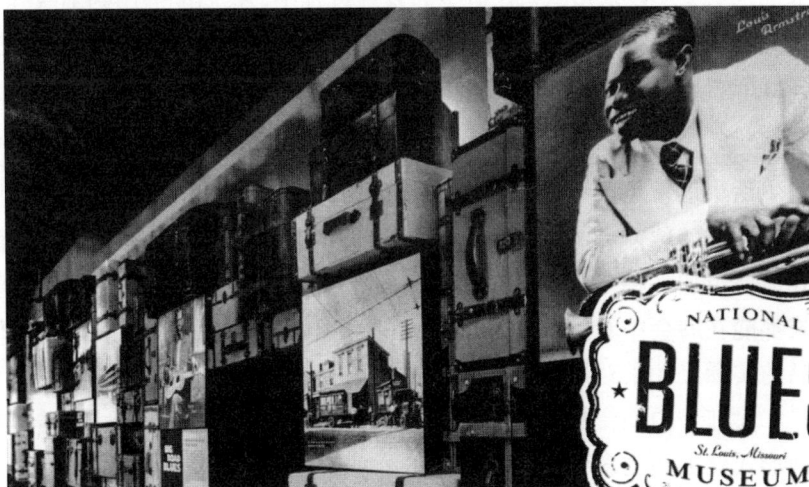

图 2-2-11　美国圣路易斯的蓝调博物馆

　　设计要点（视觉符号）：美国圣路易斯的蓝调博物馆，为了追述美国黑人音乐沿密西西比河发展的源头，突出早期黑人生活的动荡，设计者用各种旧时的旅行箱作为基本展陈元素，

53

（四）造型要素

对各种造型元素的把握与运用是所有艺术家与设计师的基本功。点、线、面、体、空间、层次、对比、比例等作为设计的要素是我们每日必须面对的问题。一个好的设计除了上面提到的主题内容外，留给具体执行设计任务的人——设计师的具体工作就是如何将以上元素运用自如并处理好它们之间的关系。这就如在厨师的面前摆好了各种食材与调料，但火候的掌握就要看功夫了。设计也是同理，尽管火候的掌握需要千锤百炼，但对食材元素的了解却相对容易。现将设计中需要反复考虑的基本要素罗列如下。

1. 线条

线条是在绘画过程中不可缺少的重要元素，线条可以体现一个物体的边界，也可以利用线条来让其他人感受到具体的形状，即使我们没有见过的某一个事物，通过观察它的画，从中读取线条的过程，就能感受到这个新鲜事物的形状和大小。在我们熟知的数学几何概念中有线，线段有它的位置和方向，但是要想在视觉中体现出可见的线段，就要体现出它的长度和位置。而展陈的设计与数学几何中的线也有所区别，几何学中的线段是没有宽度的概念的，但是在展陈的设计中，对线的要求也包括宽度以及形式。在造型的设计过程中，我们能够用到细线和粗线，还有实线和虚线。这些线在设计中都是最朴素的语言也是最直接的表达形式，能够让人一目了然。

2. 形状

我们生活中最常见的平面几何形状就是长方形、圆形和三角形等等，立体形状主要是立方体、球体和圆锥体。而在展陈艺术中，我们能够运用到的平面几何和立体几何就更加多种多样，有很多我们日常生活中不常见的平面几何形状或者立体样式都能在展会中看到。在造型设计的过程中，要根据展示空间的具体情况以及展品的实际尺寸来对展台或者展柜进行设计，设计的过程包括大小尺寸以及具体形状。大部分的展台都是立方体，也有很多是圆柱体，而相对于展柜来说，它的表现形式就更加的多种多样，展柜的样式有圆锥体的，也有立方体的，这取决于展品的大小以及形状。无论是什么形状的设计，都要跟整体的展示空间相匹配，最主要的是衬托展品的展示功能。

3. 空间

展示空间都是三维立体的，而且每个展示空间内都分为好几个小的空间，这几部分之间又相互协调，在合理的顺序规划之下，可以让参观者有序地进行参观。在展示空间中也有很多不规则的空间，这些不规则的空间也要充分利用，设计出一些独特的展台或者展柜，充分将展品的特性展示出来。各个部分之间在空间上是相互联系的，我们也可以在各个空间之间为参观者规划出一条最优的参观路线，这样对于整个展示空间的处理就比较到位了。

4. 肌理

当我们谈到肌理的时候，有很多人不理解它的含义，说通俗一点就是一个物质的质地情况。我们在日常生活中会见到很多皮质的用品，比如说沙发钱包、腰带等等。这些东西的好坏都可以用质地来进行划分，通过查看这些用品的质感还有纹理，就能看出来它的肌理是怎样的。在展陈艺术中我们谈到肌理的时候就会联想到很多东西，比如说毛皮、木纹和帆布金属玻璃等等，这些道具的设计都会谈到肌理。

5. 色彩

在我们的生活或者工作中可以见到各种各样的色彩，这些色彩可以代表着某些情绪，也可以对人的生活和工作产生一些微小的心理作用。这些色彩带给人的心理感受都是因人而异的，但相同的是同样的色彩带给人的文化都是大体相同的，比如说大面积的红色可以让人心潮澎湃，有时候也能联想到我们的祖国，因为我国的国旗和国徽都是以红色为主。而以冷色系为代表的蓝色，则更多地让人感觉到清凉与冷漠。总而言之，色彩的纯度和深浅有着不同的含义，在展示空间内的效果也是有所不同的。在设计的过程中要根据色彩引导观众的情绪，增进他们的参观体验。

6. 尺度

对于一个展示空间而言，这个有限的空间不仅要有明确的尺寸，而且在进行设计时，对空间内其他的设备尺寸也要进行合理的规划。展示空间内有很多的展具和展品，这些元素在造型的设计上都要考虑尺寸的大小。因为整个展示空间，不仅要将展品的展示信息展现得淋漓尽致，还要为参观者留出一条合理的参观路线，因此在所有的设计工程中，尺寸的数据容不得随意设置。在设置的过程中要根据具体的道具尺寸进行适当的增加或缩减，在这样的变化中观察它的尺寸大小，带来的展示效果如何，从而选择一个最完美的尺度。

7. 主次

在整体的造型设计中，我们要对所有的展品进行一个等级划分。在设计的过程中，要根据展品的等级设计相应的大小从而突出它们的主要地位以及次要地位。形象的突出可以让更多的参观者了解到重要展品的信息。

8. 对比

在展陈艺术中应用到的对比，是将具有明显差异形象的展品集合在一起，这样每个展品都以其独有的特征而存在，在参观者近距离的参观过程中，也能对他们的形象一目了然。这种手法在展示空间的设计中是非常常见的，它可以充分激发参观者的参观兴趣，既有利于他们对展品进行充分的了解，还能突出展品的本质特征。能在展会中展览的展品都属于艺术品，每一件艺术品都有其独特的内涵以及外表，风格迥异的形象各自代表了自己的文化。在动与静之中整齐与混乱之下，感受对比，感受对立面。

9. 疏密

在同一个展示空间中会有很多不同造型的展品，不同造型的展品之间，在进行摆放的时候，我们需要考虑到它们之间的间隔是需要扩大还是缩小。有些展品之间需要放的较为密集，这样才能给人留下深刻印象，而有些展品之间要稀疏一点，才能留下更多的时间与机会供参观者欣赏和交流。对于一些特殊的情况，展品摆放得过于密集，可能会给人一种压抑的感觉，而且现在有些人都对密集的事物产生一些恐惧。因此在进行设计的过程中，也要考虑到大众的一些特殊情况，争取给每个人都带来最佳的视觉体验。从空间上进行布局，疏密结合，充分利用空间的每一个细节。

10. 重量

展示空间内会有很多重量的展品，然而有些展品的重量也要凸显出来，那么将一个静止的展品展示出重量，就可以通过设计其他的元素来实现。比如说展具的大小和材质都能够体现展品的重量，金属的材质比较有质感，在选材方面使用金属材质可以突出展品的重量，从而增进参观者对展品的认识，提高展览的效果。

11. 平衡

关于展示空间内的平衡性也分为两个方面。一方面的平衡是指展示空间内展品的摆放是否对称，这也可以被称之为是一种空间上的平衡。有很多艺术家在设计展示空间内的空间利用时，都会注重对称平衡带来的影响，而且是非常严谨的。有时候到了一些正规的场合，在进行设计时，对称方面的平衡性就要着重来表现。另一方面就是展示空间内的客流量平衡，在对某个展品选择它的展示空间的时候，也不能将大家都感兴趣的展品放的比较密集，这样参观者在参观的过程中就很难前进从而造成拥堵，非常影响参观体验。

12. 和谐

和谐从表面含义来看就是互不干扰，而且相辅相成，相互促进使人们眼前一亮而且秩序性非常好。无论在一个展示空间内，所展示的作品有多么的豪迈，它们在空间中所要形成的视觉效果都要做到统一。这其实是一种艺术和谐的设计，主要是让参观者在参观的过程中不会感觉到这些展品杂乱无章。其次在展示空间内多余的部分能删掉就删掉，尽量不要把看起来多余的放到参观者的视线范围内，伟大的作品永远都是恰好的火候，多一点也不行，少一点也不行（图 2-2-12 至图 2-2-23）。

图 2-2-12 盐田千春的系列装置《记忆》

设计要点（造型要素）：线条。有直线、折线，有粗线、细线，有实线、虚线等，线条也是最朴素的艺术语言。

图 2-2-13　英国设计师科尔泰的歌剧设计"行星"

设计要点（造型要素）：形状。抽象的平面几何形状。当展陈设计师在决定选取任何一个单一物件时，你应该时刻想到这个正在被创建的形态以及它与其他形状的关系以及这些形状在空间中的相互作用。

图 2-2-14　美国艺术家的"空间系列"

设计要点（造型要素）：空间。不但形成一种三维的顺序，而且相互之间也形成了一种对应关系，这种空间结构也被称为空间造型或立体构成。展陈设计就具有这种空间造型的特点。

图 2-2-15 歌剧《特洛伊之战》

设计要点（造型要素）：歌剧《特洛伊之战》的舞美设计，马头由无数的工业金属构件制作，极为匠心独具的艺术表现。

图 2-2-16 现代雕塑"王莲"

设计要点（造型要素）：色彩。现代雕塑"王莲"，植物原本的绿色被表现成相反的红色，对色彩的完全颠覆给观众带来了强烈的视觉冲击。

图 2-2-17　造型设计

设计要点（造型要素）：尺度。设计时将一个物体的尺寸有意放大或缩小可能会得到意外的收获。设计中经常见到物体的尺寸被极度放大或缩小。

图 2-2-18　威尼斯双年展

设计要点（造型要素）：主次。威尼斯双年展（2013），中间的铜质雕像被四周的石雕簇拥围绕，主次分明。

图 2-2-19　曼彻斯特谷物交换大厅中的小剧场

设计要点（造型要素）：对比。是把具有明显差异、矛盾和对立的形象安排在一起，进行对照比较的创作手法，现代造型与古典环境形成强烈了反差。

图 2-2-20　疏密设计

设计要点（造型要素）：疏密安排是设计布局与构图的重要因素。

61

图 2-2-21　建筑设计

设计要点（造型要素）：重量。建筑与装饰材质会给观众带来不同的感受。

图 2-2-22　凡尔赛宫镜廊

设计要点（造型要素）：平衡。凡尔赛宫镜廊除了高贵与奢华，还给人以平衡与对称的稳定感。

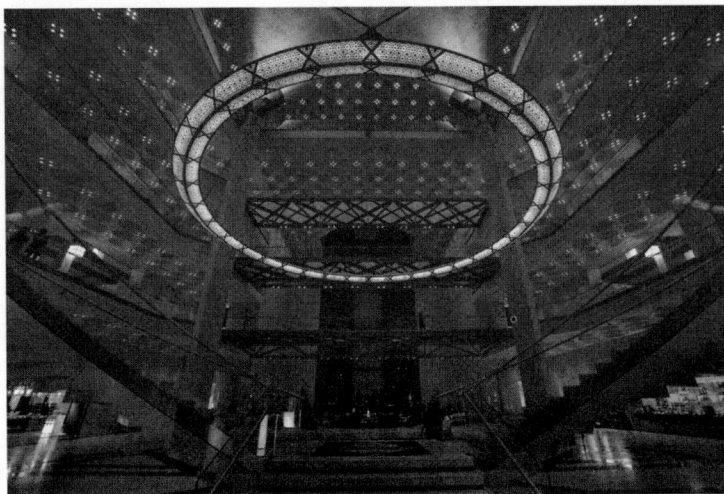

图 2-2-23　卡塔尔博物馆的入口大厅

　　设计要点（造型要素）：和谐。卡塔尔博物馆的入口大厅，各种建筑造型元素、图案设计、照明手法及色调氛围高度统一和谐。

三、准确的视觉呈现

　　"文字——形象"这一转化过程是适用于所有命题艺术创作的公式，而博物馆的展陈设计就绝对属于这样的命题创作。因此，如何将展纲的文字转化为生动的展示形象是衡量一个展陈设计方案是否优秀的重要考量。从初读展纲的那一刻起，怎样将展览大纲中那一段段文字变为三维立体空间中的一系列实物组合就成为设计师们思考的"结"，也是评审员们在评选时聚焦的"点"。不可否认，设计的最难之处在于将文字的描述准确地转述为形象表达，将文字信息转化为视觉符号传递给观众。例如该怎样表达"寂静"与"喧嚣"这一对抽象的文字描述，作为视觉艺术家的你就需要以适当的画面将它们转译为形象化的语言。你或许采用写实手法以月色下的山谷表述"宁静"；以节日的农贸集市表现"喧嚣"；你也许是采用较为含蓄的象征的手法来表现同样的命题：如用一组兰花表达宁静，而选用鞭炮代表喧嚣。作为展览设计师，你一定也不会忘记色彩的象征语言：以一种清淡素雅的柔和色调来表现宁静；用一组色彩鲜明或对比强烈的氛围来烘托喧嚣。

63

形象思维是一切文学与艺术表达的特征与基础，在具体的创作过程中，艺术家们最常使用的创作手段就是"隐喻"和"象征"。

（一）隐喻

隐喻是用一种事物暗喻另一种事物，也是常用的艺术手法之一。

图 2-2-24　美国的"9·11"国家纪念博物馆室外

设计要点（准确的视觉呈现）：美国的"9·11"国家纪念博物馆室外的两个巨大的水池堪称成功运用隐喻手法的绝妙范例：这两个水池本是被飞机撞塌的世贸中心双子塔的原址，新的世贸大楼并未在原地基上重建，而是利用两个原址废墟留下的深坑建成了两座巨型纪念池。水池分为两层，上面一层四周是哗哗流水的瀑布，下面一层是一个收窄的深不见底的方形深潭。站在池边，眼见着流水坠入深潭，参观者的心绪自然进入对逝者的哀思与对人类悲剧的思考。

（二）象征

象征手法是根据事物之间的某种联系，借助某人某物的具体形象（象征体），以表现某种抽象的概念、思想和情感。在文学创作中，它可以使文章立意高远，含蓄深刻。在艺术创作中恰当地运用象征手法，可以将某些比较抽象的精神品质化为可以感知的形象，从而给观众留下深刻的印象，留下更绵长的记忆。

图 2-2-25　伦敦塔博物馆

设计要点（准确的视觉呈现）：纪念第一次世界大战爆发 100 年的活动中，在著名的伦敦塔博物馆，888246 朵用陶瓷做的罂粟花从塔堡中流淌出来，象征着第一次世界大战阵亡的 888246 名英军士兵流淌的鲜血。

图 2-2-26　伯明翰的广场

设计要点（准确的视觉呈现）：纪念第一次世界大战爆发 100 年的活动，同样主题的纪念活动也正在伯明翰的广场上进行，艺术家奈利·艾泽维多摆上了 5000 个冰雕人，在观众的围观下慢慢融化。

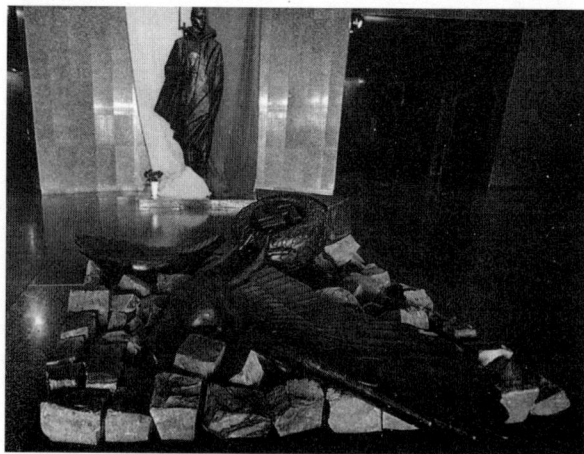

图 2-2-27　乌克兰爱国战争博物馆

　　设计要点（准确的视觉呈现）：乌克兰爱国战争博物馆中的一座纪念第二次世界大战胜利的雕塑。这座雕塑并不如我们通常想象的那样歌颂胜利者的欢庆或凯旋，而展现在参观者眼前的却是一座倒在一片乱石中的纳粹党徽。这只象征着法西斯德国的鹰终于被打翻在地，战败者彻底失去了昔日高高在上的威严。

　　洛杉矶城市博物馆的广场上矗立着一组世界著名的雕塑群"城市之光"，由艺术家博尔顿创作。与其说是雕塑，其实更准确地说是一组现代装置艺术，这是由 202 根 20 世纪二三十年代的路灯组成的装置群，远处望去蔚为壮观，置身其中犹如身在迷宫，尤其夜晚时分，这些由太阳能点亮的华灯显得更为璀璨。

图 2-2-28　洛杉矶城市博物馆

设计要点（准确的视觉呈现）：洛杉矶城市博物馆的雕塑群"城市之光"，它象征着这座世界文化名城那充满能量与活力的精神。

美国的哈雷摩托车博物馆的阳刚之气来自美国的特殊年代与文化。20世纪的第二次世界大战结束后，那些参战的老兵陆续退伍回家，从战场退役的战时军品摩托车（哈雷·戴维斯厂生产）也继而成了这些年轻退伍兵的宠物，美国到处可以见到骑着哈雷·戴维斯的他们。特别值得一提的是2008年的哈雷的开馆仪式，剪彩的环节不是通常的剪断绸带而是用气割枪锯断钢缆（图2-2-29）。

图 2-2-29　美国哈雷摩托车博物馆

设计要点（准确的视觉呈现）：美国哈雷摩托车博物馆，整个展馆从里到外传达给参观者的就是金属感，金属的质感已成为哈雷的形象代言，也是历代年轻人追求时尚与阳刚的图腾。

四、新颖的表现手段

一个令人印象深刻并能使人经久不忘的展览一定具有完美的艺术包装。强大的视觉震撼力一般都来自不同凡响的表现形式。博物馆展陈的表现手段应调动一切能够引起观众注意的可能，它所包含的手段除了建筑艺术与空间的设计，还吸收了其他艺术门类的表现手法，包括舞台艺术、影视艺术、绘画、雕塑、装饰艺术、现代装置艺术、民间艺术甚至表演艺术与橱窗设计等。凡能吸引观众、能够产生深刻印象、引发视觉震撼的手段统统应该进入设计师的视野，用以创造出戏剧性的展示氛围。同时展陈设计师也要不断善于发现、跟踪与运用最新的技术发明与成果。艺术的表达永无穷尽，追求生动的视觉表现至少可以从以下几个方面入手。

（一）空间丰富多样

博物馆空间本身错落有致，展陈的表现手段不但要体现内容，也需要在视觉表达方面配合空间的节奏。展览的巨大信息量必须诉诸多种渠道传达给观众，因为过多的文字阅读会让观众感到疲劳，而通过丰富的视觉表现手段则可以提升观众的参观兴致。首先是巧妙的空间布局，如移步换景、曲径通幽、虚实结合等，这些建筑与园林的空间设计原则也同样适用于博物馆的空间设计。

包括传统的博物馆在内，展厅的大小布局与顺序都会按一定的节奏排列，形成前厅、序厅、主厅、副厅、卫星厅、走廊或广场一类的空间形式。如纽约大都会博物馆，浩瀚的藏品数量极易流于杂乱，使观者不知其踪并迷失方向。但大都会博物馆的设计理念却非常巧妙地首先按照世界史年代与区域文明划分，如古埃及、希腊罗马、远东、中东等，进而又在大的时代与地域划分的基础上进行空间的主次搭配。如整个博物馆中设有若干个大型场景主馆，如"古埃及神庙""中式园林（苏园）""中世纪庭院"与"美国广场"等，而围绕着这几个大厅的则是相关的具体展览内容。如此的空间布局真可谓一举数得，观众的参观节奏张弛有度，既可以在各个副厅的展品中凝神欣赏，又可以在观展中途在主厅中小憩时享受景观（图 2-2-30）。

图 2-2-30　大都会博物馆

另一个现代版的范例是美国纽约的"9·11"国家纪念博物馆。展馆的空间内外呼应，室外两个巨大的水池标示着建筑的原址，室内部分（纪念馆展厅）在地下沿下沉的水池四周布局；观众从地面的建筑入口进入博物馆，宽敞的倾斜坡道引导观众深入地下展厅，沿线像雕塑一样点缀着被大火烧得变形的钢架和滚梯废墟，从通道上间或设置的平台向下看去，可以看到底层纵深的原建筑地基。展馆的地下建筑空间设计丰富，流线多样，步步借景，大小虚实结合，有收有放，大中有小，宏观微观（细节）的结合堪称精彩（图 2-2-31）。

图 2-2-31　美国的"9·11"国家纪念博物馆

（二）形式新颖新奇

展陈形式的创新占有越来越大的比重。随着全球博物馆数量的日益增多，广大民众访问博物馆的机会与次数也随之增加，自然人们的见识与口味也会不断提升，他们会渐渐不满足于传统的观展方式，总会期待着博物馆给他们带来一些意想不到的东西。

展陈设计师们与其他行业的艺术家一样，也一直在孜孜以求地努力着，每当接受一个新的项目，如何找到最新颖的展陈艺术形式就成为设计的核心。

坐落于日本横滨的方便面博物馆是一个非常奇特的展览，不但主题别致，整个展览的设计也很有特色。简约、现代是它展示给来访者们的第一印象，从建筑外观，极简主义的艺术风格，甚至地板与墙面的颜色都高度协调，充分展示出日本的文化特点。"方便面"的主题处处可见，从玻璃展柜中一排排五颜六色的泡面到单色醒目的主题雕塑；从参观者亲自动手参与制作的车间到看起来像个工厂但实际上是个供孩子们嬉戏的主题乐园；从方便面诞生的历史到供大家品尝的特色餐厅，这里的一切都令人感到新奇与轻松（图 2-2-32）。

图 2-2-32   日本方便面博物馆

位于德国慕尼黑，建于 1973 年的宝马汽车博物馆是一个极为成功的工业主题馆。它那被叫作"灵感"的动态装置表演（动态雕塑）吸引了来自全世界参观者的眼球。这是最早的 3D 矩阵表演装置，714 个悬吊的钢球在数控电机的驱动下，在空中组成不断变换的三维图案，包括在空中组成一个漂亮的汽车雕塑。这个装置是这座博物馆的点睛之作，尽管位于斯图加特的奔驰博物馆的设计也极为精彩，但宝马博物馆单凭这座"灵感"装置就足以令所有到访者过目不忘，也令广大设计同行们拍案叫绝（图 2-2-33）。

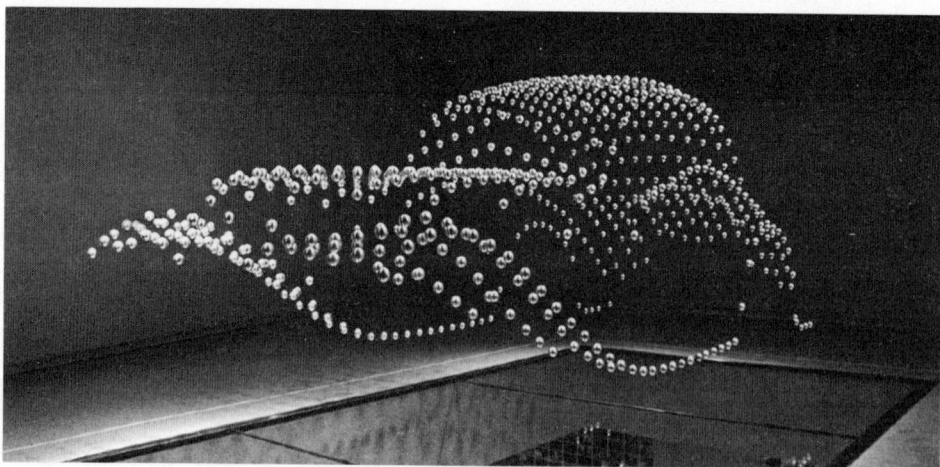

图 2-2-33   宝马汽车博物馆

（三）先进的技术手段

毋庸置疑，近年来科技手段的不断创新对博物馆展陈设计产生了巨大影响，也使博物馆的魅力较从前大大增强。各种新的发明创造不断地被博物馆与展览界借鉴继而转化为新的展陈语言，成为新的叙事手段，尤其在与观众的互动方面，这些新的技术手段更是不可替代的基础保证。

从 20 世纪中期开始，随着战后科技进步的加速，幻影成像、新光源、屏幕显示技术、数控技术、VR、AR 等一系列声光电的技术成果为各种博物馆带来了前所未有的新面貌。不但科技类博物馆理所当然地垂青科技表现，就连那些传统型的文史类博物馆也无不争先恐后地对那些既实用又充满魅力的声光电手段加大引进的力度。以下的几个案例尽管不足以概括当今博物馆在科技领域发展的全貌，但至少可以使我们窥探到一些发展的趋势。

美国克利夫兰艺术博物馆的第一画廊被开辟为一个互动的艺术空间，包括画室互动、第一画廊、藏品墙和艺术广角镜等展览项目。例如，在画室互动中，参与者可以进行模拟的绘画、雕塑、陶艺等创作，其效果即时在屏幕中显示出来；而"艺术广角镜"则是通过平板电脑或手机与特定的 App 连接，当你对准某一幅艺术作品时，这幅作品的所有信息便会显现。所有这些精心开发的技术互动为参观者提供了一种前所未有的艺术体验，设计与技术无缝连接、高度融合，观众在新奇的技术氛围内享受着充满乐趣的艺术熏陶（图 2-2-34、图 2-2-35）。

图 2-2-34　美国克利夫兰艺术博物馆

图 2-2-35　美国克利夫兰艺术博物馆

　　纽约昆士科学博物馆的"可持续发展"互动装置极大地吸引了观众，20 多台投影机在墙面和地板上投出一幅童趣盎然的大自然画面，参与互动的观众通过自己的各种动作和画面中的河流、森林、山川与各种小动物产生交互，从中学习与领悟有关自然保护与可持续发展的知识（图 2-2-36）。

图 2-2-36　纽约昆士科学博物馆

　　伊利诺伊大屠杀纪念教育中心创造性地将全息投影与互动结合，将这一迅速普及的科技手段提升到一个新的层次。我们知道，全息影像都是提前录制完成，然后向观众播放，它的目的仅仅是为了产生一种模拟出的视觉真实，其被播出的影像毕竟还属于过去时态，不可能与观众当场互动交流。但该教育中心的全息影像却被设计成能与观众互动，可以当场回答问题的"即时互动"模式。他们采用的方法是这样的——讲台上"端坐着"大屠杀幸存者的三维全息影像，在幸存者的演讲结束后，台下的观众举手提问，由演讲者当场回答。原来，这一切都是提前准备好的，博物馆团队事先对观众可能会提出的问题做了大量的预判，精心准备了多达 1200 个问题与相应的回答，然后将这些问题与答案输入人工智能系统。因此，观众的提问在经过语音识别与处理后，智能系统便会迅速找出对应的答案（图 2-2-37）。

图 2-2-37　伊利诺伊大屠杀纪念教育

荷兰的克里莫艺术博物馆（Kremer）是一座全虚拟 VR 博物馆。克里莫家族拥有 80 余幅伦勃朗等尼德兰艺术家的名画，他们特别希望将自己的收藏与公众共享，但修建一个博物馆的想法却几乎是一个不可实现的梦想。碰巧的是，克里莫家族的第三代小克里莫所学的专业恰好是电子科技，因此建立一个虚拟博物馆的想法就成为可行的选项。这座"博物馆"没有自己固定的场馆，而是一座彻头彻尾的虚拟艺术画廊，它的场馆硬件只需 VR 头盔、控制手柄与一组定位器。戴上头盔，参观者进入一个酷似宇宙空间站一样的空间，圆形建筑的墙上挂满一圈大师们的画作，移动脚步或通过操纵手柄，就可以来到任何一幅画的面前，精美的画框都与画作一样精细逼真。与此同时，还可以通过手柄操作调出此幅作品的所有资料与技术细节（图 2-2-38）。这座虚拟博物馆已到过许多地方进行巡展，包括在实体博物馆中的展出或和学校等文化科研单位的推介与交流。

图 2-2-38　荷兰的克里莫艺术博物馆

第三章　博物馆展览陈列空间规划设计

本章的主要内容为博物馆展览陈列空间规划设计，我们依次介绍了两个方面的内容，分别是展览陈列空间的规划以及展览陈列空间的构建。期望能够通过我们的讲解，提升大家对相关方面知识的了解。

第一节　展览陈列空间的规划

一、展陈空间的概念

人类社会的发展，是以人类对自身环境和生存条件不断要求进步的发展史，各种生活形式的展示是人类独有的社会活动，人们在创新中求不足，改变中求发展。现代化的社会展示活动，更多地以人为本，以内涵为主旨，以多样化为表现形式，其涉及领域之广泛和丰富，涵盖内容的庞大和复杂，已经与人类的生活息息相关。

展览陈列设计是以展出物品为重点的综合艺术设计。伴随着人类社会政治和经济的阶段性发展，在特定的空间与时间里，针对三维空间和平面层次进行精品设计。这不仅包含了对展品主体的说明用意，也加强了参观者的参与性，达到完美传播的目的。这样的空间，即展示空间；其创作的过程，即是展览陈列设计。

陈列设计是一项专业技能，是运用多种方式将物品最吸引人的一面展示出来并增加其价值，这项技能包含艺术、商业、时尚和技术多种方面，涉及设计方法、图像规划、空间规划、美学、颜色搭配、销售研究、市场研究、视觉心理和声、光、电，通过直接的视觉图像吸引观众的浏览兴致，并利用各种技巧和方法将展品统筹配置和组合加以表达。情境与生活是不可分割的，从感官与思维入手，深入生活，便是表达美的艺术形式。

展陈设计是一个综合性设计学科。展陈空间设计的范围比较宽泛，包括博览会场、艺术博物馆、购物中心、卖场、橱窗、样品柜等等生活的方方面面，从展览策划、展览主题开发、照明、解说、招牌及附属部分入手设计，以期望达到引人入胜的效果。

二、根据位置划分的陈列形式

各类博物馆展示活动中，根据展品陈列位置的不同，陈列形式主要可分为以下几种。

（一）地面陈列

地面陈列一般将展品摆放于地面或地台上，台面可以以展台和积木的形式随意升高，可设置各式钢架展柜和道具支架等，利用各支架配件等辅助道具，使展品呈现出丰满的立体感和丰富的层次感（图 3-1-1 至图 3-1-3）。

图 3-1-1　梅赛德斯奔驰博物馆

图 3-1-2 恩佐法拉利博物馆

图 3-1-3 都灵国家汽车博物馆

地面陈列可以让观众近距离参观较适合大型、重型展品的陈列，如大型的雕塑等。具体位置选择上，作为主题、主角的展品要安放在展示空间的醒目位置，作为陪衬、点缀的展品则适宜按照既能美化、渲染展示环境却又不会太过吸引参观者注意力的原则安放在转角等位置。

（二）架上陈列

架上陈列是一种将展品摆放于展架上的陈列方式，适合古玩、茶具等精致玲珑的艺术品展示。这种方式比较注重整体造型、格调与主题的契合程度，需要对展品具体摆放位置、空间背景、灯光照明等进行精心的设计，充分展现展品的立体结构与造型。具备强烈的体积感与质感，让参观者在欣赏到展品本身所具有的艺术内涵的同时，也能感受到陈列设计人员的艺术造诣（图 3-1-4 至图 3-1-7 ）。

图 3-1-4　耶路撒冷宽容博物馆

图 3-1-5　里尔现代艺术博物馆

图 3-1-6　玛雅世界大博物馆

图 3-1-7　里尔现代艺术博物馆

（三）柱面陈列

柱面陈列利用展区内的墙柱装置围合的框架结构和支架结构，在柱面壁上张贴图片、宣传资料，或在围绕柱面的四周柜架上放置展品进行展示。柱面陈列通常会以高展柜的形式进行空间布局和设计，能够有效地消除柱子带来的堵塞感，扩大陈列区位并扩大展示的面积和层次，容易吸引参观者的注意，比较适合中小展品的展示。

柱面陈列主要有以下三种形式。

1. 利用柱面壁贴陈列

利用胶粘、挂钩、捆绑等方法，将展品贴靠在柱子表面的一种陈列形式。

2. 柱体上镶以陈列柜架和箱柜

通过合理的装饰装修，把本来阻碍视线的柱子镶嵌上造型别致的陈列柜架和箱柜，弱化柱子的存在感甚至使参观者感觉不到柱子的存在（图 3-1-8）。

图 3-1-8　耶路撒冷宽容博物馆

3. 在柱基四周地面上进行放置陈列

一般用于大型展示活动和体积较大的商品陈列。

（四）壁面陈列

壁面陈列是一种利用挂钩、钉等工具将展品平展或折叠后钉、贴、挂于展墙或展板等壁面的展品陈列形式，一般用于平面艺术品或小型立体装饰物的展示，如书法、摄影、美术作品的展示与刀、枪、弓箭、浮雕等的展示。此种陈列形式下，展示内容的布局灵活多样，在适宜的照明设计下，能够充分展示出展品的平面构成、质地花纹和色彩图案等特征，给参观者带来强烈的视觉冲击与自然感（图 3-1-9）。

图 3-1-9 里尔现代艺术博物馆

展示活动中，壁面陈列的使用不仅要注意展品本身质量的优劣与相互间的布局协调，还要注意壁面背景与整体空间环境的选择。适宜的背景环境能够渲染展示氛围，更好地突出展示主题。如在美术作品展示中，风格端庄的空间环境适于对称的构图或单幅画布局，风格活泼的空间环境适于均衡的构图和多幅画布局（图 3-1-10、图 3-1-11）。

图 3-1-10 方舟现代艺术博物馆

图 3-1-11　海宁当代艺术博物馆

（五）空间陈列

空间陈列也称为垂直陈列，是将展品悬空吊挂在屋顶、梁柱等展区上部空间的展品陈列形式。这种方式在全方位地展示出展品的外观形态、实际效果等的同时还可以美化空间环境、保持视觉空间的轻盈通透及底层空间的灵活使用。不过悬挂高度不宜太高，以适应人们的习惯仰视距离与角度（图 3-1-12 至图 3-1-16）。

图 3-1-12　美国国家海军陆战队博物馆

图 3-1-13　美国国家海军陆战队博物馆

图 3-1-14　罗利当代艺术博物馆

图 3-1-15　罗利当代艺术博物馆

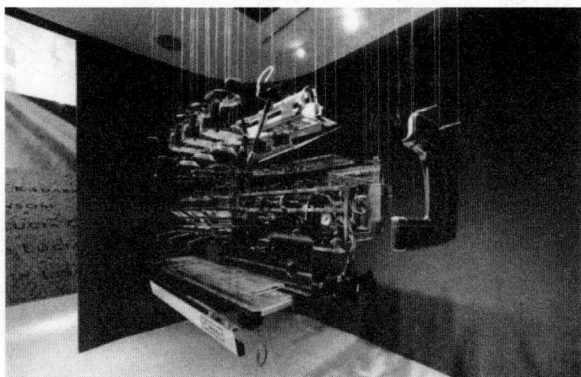

图 3-1-16　咖啡机博物馆

三、展陈空间的分类构成

（一）环境角度

从环境角度，展陈空间可以简单地划分为室内空间和室外空间两种类别。

1.室内空间

室内空间的主要构成形式有三种。

（1）实体空间

实体空间的空间范围、界限非常明确，并具有较强的私密性，参观者能够非常容易地辨识出不同的区域。各区域内，精心布置的布景展陈具有明确导向与起伏节奏，能够在有效吸引参观者关注的同时避免视觉疲劳，让参观者获得更多展陈信息（图 3-1-17、图 3-1-18）。

图 3-1-17　咖啡机博物馆

图 3-1-18 恩佐法拉利博物馆

（2）虚拟空间

相对实体空间，虚拟空间没有完备的隔离形态，空间范围、界限不明确，私密性小，依靠人的丰富联想和视觉完形功能来划定，可以借助照明、色彩等的围合、覆盖等来完成，是一种相对的分割，也常被称为空间里的空间或"心理空间"。

（3）感知空间

感知空间并不是实际的区域，而是参观者对展陈的时间、空间、光影等因素思考后在视觉、听觉等方面形成的主观感知认识空间。

2. 室外空间

室外空间主要是指在展厅外部能够吸引参观者视线的实体。对博物馆来说，一般要求做到参观者一进入博物馆所在领域，注意力与思维即会被环境特有的意境和氛围所吸引，如草坪、庭园、广场等，因此设计时要考虑到新建筑与历史环境的统一、新建筑形式与陈列形式的统一及新建筑空间与展陈功能的统一等（图3-1-19 至图 3-1-24）。

图 3-1-19 罗利自然研究中心（博物馆）

图 3-1-20　里尔现代艺术博物馆

图 3-1-21　特赛尔海事博物馆

图 3-1-22　玛雅世界大博物馆

图 3-1-23 方舟现代艺术博物馆扩建

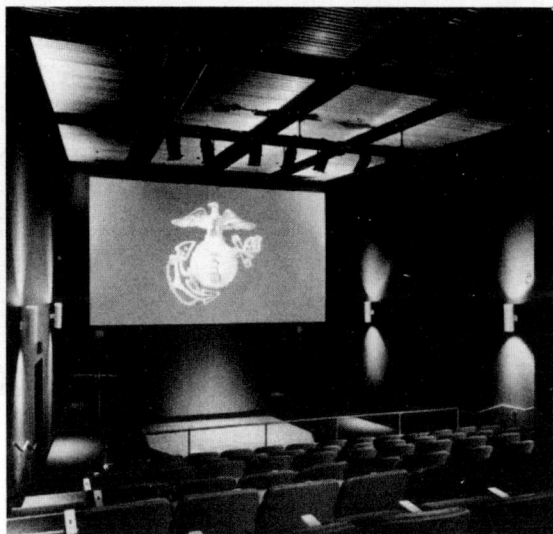

图 3-1-24 美国国家海军陆战队博物馆

（二）使用功能角度

根据使用功能的不同，展陈空间通常主要分为信息空间、公共空间与辅助空间。展陈空间的规划设计就是对这些功能空间进行合理的规划，处理好它们在室内空间中的关系，使人们在空间中能够获得行动与感知的完美配合（图 3-1-25 至图 3-1-27）。

图 3-1-25　玛雅世界大博物馆

图 3-1-26　金山城堡遗址博物馆

图 3-1-27　广东博物馆

1. 信息空间

信息空间主要包括陈列展陈空间和交流演示空间，承载了展品、展具、平面宣传品、声像等展陈信息元素。

陈列空间是展品陈列实际所占用的空间，是展陈空间的关键部分。陈列空间使用电子、网络、影视、音响、灯光等现代化信息手段，通过实物、模型、图片、资料等的展陈向参观者传达展陈信息。

交流演示空间是为更好地传达出展陈信息而向参观者进行交流演示的空间，根据展品性质与交流演示工具、方式等的不同，具有开放性、私密性、融合性等多种空间形式。

2. 公共空间

公共空间是供参观者在参观过程中或参观后使用和活动的空间，主要包括公共通道、残疾人专用通道、楼梯等通道空间与交流休息室、等候处等休息空间。

通道空间设计上要考虑到参观者的流量、流速以方便参观者的安全通行，如每百人疏散通道宽度需按 0.65—1m 进行设置。

休息空间一般设在展陈空间内各功能区域相衔接的地方，以方便参观者休息、等候、饮水、小憩和短时间交流等。

公共空间在设计上相对信息空间更加灵活与自由，可以充分有效地利用现有空间为参观者营造出高度的安全、自由与舒适感。博物馆公共空间体现的便是其人文气息与本身建筑艺术表现的集萃。除了满足参观者使用需求，公共空间也是各展陈空间的过渡与组织纽带，担负着"起始—递进—高潮—结束"的空间序列组织作用。各展陈空间通过公共空间有机的组合成为一个整体，使参观者感受到一个具有丰富节奏与层次变化的空间。

3. 辅助空间

辅助空间是指为展陈活动提供协助性功能的空间，通常包括接待空间、工作人员空间和储藏空间等。

储藏空间一般设在较隐蔽的地方，以不破坏展陈的整体视觉效果和安全、实用为原则。

4. 馆围空间

馆围空间包括展区周围空间和展区上部空间（图 3-1-28 至图 3-1-30）。

图 3-1-28　当代犹太人博物馆

图 3-1-29　墨西哥记忆与宽容博物馆

图 3-1-30　阿斯楚普费恩利现代艺术博物馆

四、展陈空间规划的基本要求

（一）功能要求

展陈空间规划设计的目的是以满足展陈主题为前提的，所有的展陈手段和语言都是对展陈内容的宣传与衬托。良好的规划设计可以突出展陈内容，烘托主题，满足陈列、演示和交流等多种实际功能的需求，充分合理的组合利用各功能空间（图3-1-31、图3-1-32）。

图 3-1-31　恩佐法拉利博物馆

图 3-1-32　阿斯楚普费恩利现代艺术博物馆

（二）心理要求

不同的空间构造方式会使人形成不同的心理感受。为表现出独特的艺术魅力，展陈空间的规划设计应充分体现其文化内涵，通过特定的展陈形式、灯光照明、色彩等设计充分准确的表达并使其符合不同参观者的心理要求。如整齐划一的建筑结构通常表现为静态，可以传达庄严、肃穆的心理效果，而穿插和交错的空间构造，空间形式表现为动态，让人有活跃、轻松的心理感受（图 3-1-33）。

3-1-33　库卡画廊

（三）效益要求

展陈空间的规划设计要符合合理充分利用与高效经济的原则，如在实际搭建过程中多采用组合式标准展具进行架构。

（四）审美要求

在展陈空间规划设计时应充分应用形式美规则，在满足衬托展陈内容的同时也必须满足人们的审美要求，达到空间的形象感、节奏感及形式美感上的最佳效果，有效地实现空间的功能要求和心理要求。

五、展陈空间设计流程

展览设计一般分为五个阶段，每个阶段都具有各自不同的目标，以解决各阶段的问题。这个过程是渐进的，各阶段的设计成果都呈叠加式向前循序推进，成为下一阶段的设计基础，下面是按逻辑顺序排列的五个不同设计发展阶段。

（一）展陈大纲

展陈大纲实际上是设计的第一阶段，尽管它不是通过图纸而是通过文字来表达。这个阶段将观众体验作为一个整体来考虑，展陈大纲包括了所有将要展出的内容与展出目的，设计团队从中获取全部内容，包括各项目参数、空间、预算以及主题。它如同一个戏剧演出的剧本，为展览团队各个部门提供了一条共同出发的起跑线。

（二）概念设计

这个阶段开始可视化过程，为展览提供整体的外观和感受。这个初步包装包括空间布局和流线图，主要展项的设计样式，例如多媒体场景，这些重点展项将成为观众的沉浸式驻足点或互动体验的锚地；颜色、字体和样式的平面风格，以及初选材料等。在这个阶段，概念效果图、数字模型、视频短片和实体模型等都是设计师们通常采用的表达手段，用以向客户展示展览最终视觉效果的最有效的说明媒介。概念设计是对设计方案评价研究的主要依据，能够最直观地体现设计团队对展览主题与叙事逻辑的把握、艺术创意的水准以及有关的技术考量。概念设计是极为关键的阶段，因为它不但为展览的设计建立了基线，而且更是是否能够被客户接受或中标的关键。

为完成展览的概念设计，设计团队的一系列头脑风暴、调研与资料搜集，都是为了拿出一个令人刮目相看的最佳方案。设计者们在最初的阶段总是从绘制大量的概念草图开始，以测试初步解决方案，并确保它们处于正确的轨道上。这些探索是设计过程中的一个重要时刻，因为这些早期的草图是灵动的，它们不时会迸发出灵感的火花，设计团队的每个成员都以不同的视角试图找到准确解读展览的途径。每个人都知道，相同的语言和文字是可以有多种表达的渠道，他们的任务就是找到一个能够客观生动地传达展览内涵，并让大部分观众都能够认可的视觉体系。

一个负责的概念设计并非只是一个极具想象力的艺术制作，它还应伴随着理性的初步预算。这是第一次根据市场与经验做出的预算草案，以便客户在审核概念方案的同时对资金分配的合理性做出客观的评估。

（三）深化设计

在概念设计基础上需要对方案进行深化设计。大多数情况下，深化设计从来都不是一次性完成的，而是由一系列不断深化的方案构成的。由于概念方案只是一个大概的设想，有许多充满激情的创意难免还只是停留在设计师或艺术家的想象与精美的概念图上，离真正的体现还有许多实际问题需要解决。因此，深化设计是一个严谨的理性阶段，它需要对所有局部细节的详细交代。这是一个循序渐进的过程，随着设计的深化，往往被分为第一稿、第二稿、第三稿（在有的国家和地区则分为 30%、75% 和 100% 完成度）等等。

深化设计是一系列迭代设计包，这些迭代设计包在先前决策的基础上不断构建，不断充实并超越概念设计，比概念设计更丰满。同时也引申出越来越多的精彩创意，直到最终设计与解决方案被批准。深化方案是通过一系列可视化手段完成的：电脑建模、渲染，各种 CAD 技术图纸等，具体包括以下内容。

（1）平面图；

（2）正视图和剖面图；

（3）组件设计（展柜、模型、特殊装置、场景等）；

（4）照明方案（灯位图、灯具清单、控制系统等）；

（5）平面设计（模板、图案、字体等）；

（6）主要饰材的技术资料或样品板；

（7）互动、演示、表演说明；

（8）机电图纸；

（9）多媒体硬件设计、规范和显示控制；

（10）多媒体软件处理。

交付的所有设计方案必须包括预算。当设计方案变得越来越具体时，预算也是如此。超出预算的项目可以在此阶段的早期加以纠正，详尽的信息为最终定价提供了依据，也为客户带来更大的信心。初步预算可以由有经验的设计师提供，但最终还必须由有经验的专业人士完成。

（四）投标文件

一旦最终设计被批准，团队将着手准备一系列的文档作为竞标的文件并正式提交给决策机构。投标文件囊括布展的方方面面，包括各分项的 CAD 图纸及技术规格，明确说明展览将如何建造以及施工如何实施，甚至对展览馆中所涉及的表演与互动组织加以阐述。

根据展览的规模与复杂程度，投标文件的格式不尽相同。小型化展览的文件可以合订为一册，但大型展陈馆的投标文件则可能需要每一个设计部门（基本陈列、艺术装置、平面设计、音视频、软件开发或远程教育等）的文件单独成册，以便提交给不同的专业委员会分别进行审核。

在大型展陈馆的设计实施中，由于涉及的专业众多，最为常见的是多个团队协同作战，或由一个主要团队作为主体设计牵头，然后组织若干个在某一领域独具优势的公司组成联合团队，如在建筑领域享有盛誉的专家或在音视频领域的顶尖团队。

（五）施工图

设计阶段的最后一道工序是由具体制作单位／施工单位完成施工图，它比设计团队提供的 CAD 图纸更为精确、专业。这是原设计图纸的深化版，由专业绘图师根据实际材料与实际规格做出的精确图纸，它们必须达到制作与施工的工艺标准，施工方可直接据此进行下料与施工。

施工图将包括所有技术细节与要求，如接口的连接方式、反光度、螺钉的规格、孔距等。在此阶段，设计师需要反复对施工图进行核对，以监督施工方对原图纸的准确理解，确保施工图与原设计方案的既定效果保持一致。

六、展陈空间设计原则

（一）合理确定参观流线

展陈空间设计的最大特点是具有很强的流动性，在空间设计上采用动态的、序列化的、有节奏的展陈形式要遵从这项基本原则，这是由展陈空间的性质和人的因素决定的。人在展陈空间中是处于参观运动的状态，在运动中体验并获得最终的空间感受的。这就要求展陈空间的规划设计必须以此为依据，以最合理的方法安排参观者的参观流线，使参观者尽可能不走或少走重复路线。

参观路线（也被称为参观流线）是进行展览空间设计时事先为观众规划出的参观路线。设计一条合理的参观流线，以便于观众沿着一条顺畅的路径观展是展览设计中的重要部分。观众沿着这条路线去追随展览所叙述的"故事"，它应与展陈设计的平面图同时产生，在流线规划过程中，设计者必须与其他展览团队密切合作，根据展纲内容，并根据展馆的建筑空间特点，在空间规划的同时构建出一条清晰的叙事线，这条叙事线也将会成为观众参观流线的主干（图 3-1-34 至图 3-1-36）。

流线的安排有所不同，大部分展览会为参观者提供一条规范的路线，"强迫"

观众按既定的路线观展；但也有一些展览则采取开放式风格，为观众提供多种路线，根据个人兴趣，自愿选择他们的参观顺序和观看他们最感兴趣的部分。

展线的规划将决定观众的观展顺序，对观众最终将获得怎样的观展经历极为重要。规划展线时首先需要保证的是，在展览场地留有足够的流通空间，尤其不可忽视公众假期时段不可避免的高峰人流。通常馆方会制定出针对参观高峰期的特殊方案，如制定多条临时参观路线，或干脆实行强制性的导流，以防止参观的人们同时拥塞于某一区域。

在这一阶段，设计师通常会不断地对自己发问：观众会在展厅中迷路吗？他们会自然地沿着预设好的观展路线参观吗？所有展品、图像、媒体与互动装置能被观众理解与接受吗？为观众提供了必要的小憩地点以及中途休息的座椅了吗？

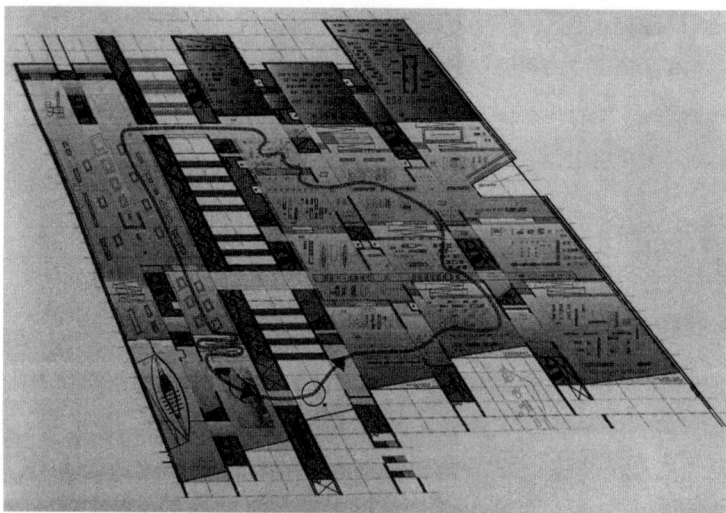

图 3-1-34　参观流线设计

设计要点（合理的空间与流线）：设计一条合理的参观流线，以便于观众沿着一条顺畅的路线参观是展览设计中的重要部分，它应与展陈设计的平面图同时产生。

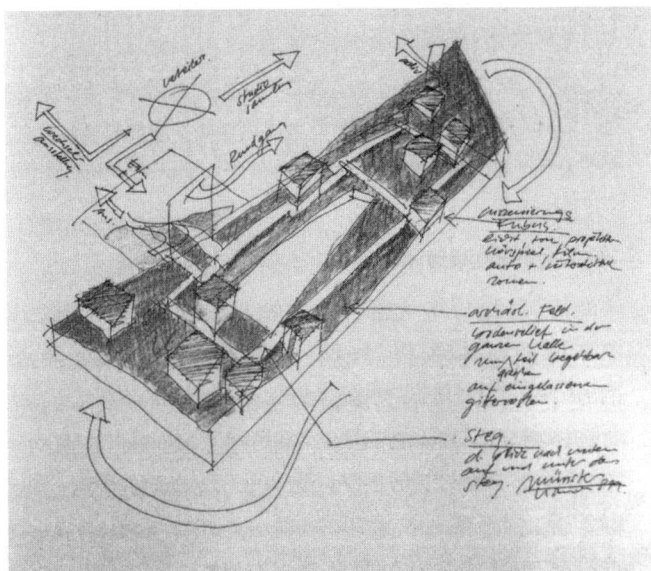

图 3-1-35 设计草图

设计要点（合理的空间与流线）：设计草图，在空间规划的同时构建出一条清晰的叙事线，这条叙事线也将会成为观众参观流线的主干。

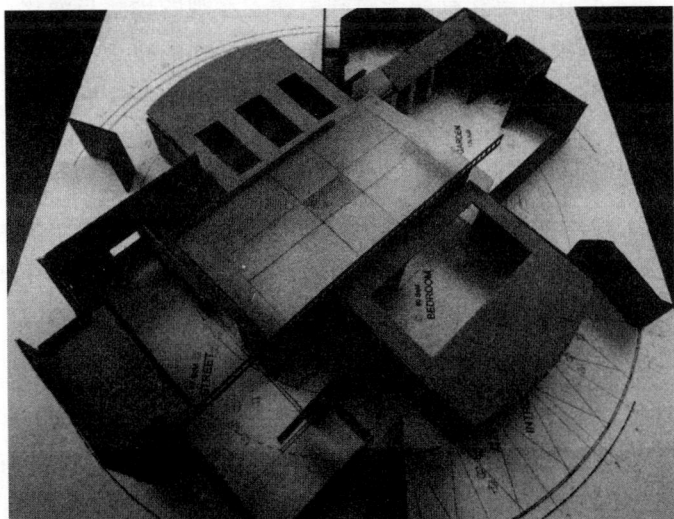

图 3-1-36 在模型中规划参观流线

设计要点（合理的空间与流线）：许多有关展陈设计的专著都曾对流线问题进行过不同的探讨。除了少数赞同单一流线，大多数论点却倾向于由参观者自由选择自己的参观路径。学者认为，视觉变化与吸引在减少精神疲劳中发挥着关键作用，并由此引述了多种引导参观人流的不同模式。下面就不同的流线特点进行具体的探讨。

1. 展线顺序与观众的流动方向

作为一条公认的规则，世界上大部分展陈馆都采用顺时针方向，即从左手开始，然后向右沿着展览空间的左侧墙开始观展。这是因为世界主要的语言文字都是从左向右读起的，但在中东的阿拉伯语国家的文字则相反（从右向左读起），因此在中东阿拉伯的展陈馆里观众则大多按相反的路线，逆时针参观。

2. 单一参观路线

单一参观路线确保所有参观者都会得到相同的观展经历，这样可以使展陈馆的策展方构建一个观展的逻辑架构，根据展纲的先后顺序，引导观众经历展览的全过程，最终使他们得到一个完整的印象。单一路径尤其对于那些观众缺少了解的领域显得十分必要，例如科学展陈馆这些知识性与逻辑性较强的地方。这些展陈馆或展览一般在开头都会有一个简要的介绍，以便为参观者事先灌输一些必要的知识储备。基本常识的建立有助于对随后深入参观的理解与消化，这种引人入胜的过程被称为展览架构。许多商业展览也采用同样的技术，例如，在参观者进入主展厅之前，他们可能会在序厅中首先观赏一部影片，这部影片会让他们沉浸在一系列旨在传达公司品牌价值的故事当中。这种带入式的介绍影片往往是非常有效的，它使参观者更容易接受公司的营销和产品，成为某一品牌的拥趸。但值得注意的是，单一路径也不是唯一的选择，尤其对于那些场地有限的展陈馆空间，单一路径的空间利用率较低，通常涉及观众流量的控制问题，并且需要严格限制观众的"停留时间"。

这是一种强迫引导观众参观流线的设计。观众沿着预先设计好的路线依次参观，基本上没有自己的选择。较为典型的案例迪士尼乐园，园中大部分项目都是按照这种模式而规划，像多年来一直最受欢迎的"小小世界"，所有观众是坐在小船中，沿着一条小河去"环游世界"；其他还有太空船、人行传送带等多种"强制性"手段，引导观众自然地进入故事情节的线性顺序，并遵循设计者的意愿，依次体验不同的场景，最终得到完整的叙事体验。

3. 多通道参观路线

多通道观展有助于缓解观众流量管理的压力，对观众来说也意味着更大的参观自由，为他们提供了按照自己兴趣，并根据展厅的拥堵程度随时调整自己的参观路线。然而，多路径展览需要提供明确的标识与定位信息，随时提醒观众自己身在何处，因为虽然他们可以随心所欲地决定自己的参观路径却仍然需要知道自己在整体展览架构中的位置及其环境。当今许多重要的展陈馆都采用了多通道参观路径，展览设计师们经常会设计出多条不同的参观路线，例如专门为有组织观众专门开辟的团体通道。有时也会按照不同的科目采用多条平行的路径。

4. 同心圆式展线

同心圆展览布局是由 19 世纪英国的展陈学家与探险家亨利·里弗斯设计发明的，这是为计划中的牛津彼得展陈馆做的设计提案，然而他的这一新颖设想最终并没有付诸实践。里弗斯设想在一个展示历代器皿的展厅中，首先将最原始的器皿摆放在中心位置，然后按照年代顺序一环环向外排列，如旧石器时代、新石器时代、青铜器时代等，就像树干的年轮一样，一层层向外扩散，观众从同心圆开始，沿着环形历史路径观赏历代各种器皿及它们的演变踪迹。

这种形式的特点是将核心展品置于中心位置，围绕在周围的是其他附属展品。许多展陈馆都采用了这种布展方式，中心枢纽作为共同的集散地和展厅的焦点。这种陈列方式有利于清楚地点明具有丰富内容的中心主题，参观者可以在进入展厅的瞬间得到明确的主题与内容的相关信息。

5. 星形布局

展览可以围绕"明星"展品进行布局，因为观众的注意力非常容易被那些重要展品所吸引。可以利用这种吸引力将那些看起来不太起眼的展品围绕这些"明星"摆放，以主要展品带动次要展品，这样会有利于整个展厅布局的均衡。研究显示，过多同类展品的重复陈列方式会造成观众沉闷的观展体验，因此这种星形展陈布局方法对于破除这种沉闷非常有效。20 世纪 90 年代末维多利亚和艾伯特展陈馆在重新设计英国画廊时就采用了这种方法。在改造之前，所有展品一直严格地按照分类法陈列，但这些展品（如服装、家具、生活用品等）的常规陈列似乎并不能引起参观者的强烈兴致。重新设计后，设计师们以最大限度地提高游客的享受度，突出戏剧性为出发点，打破僵硬的文物分类条列，将不同种类的展品进行合理搭配，形成以精彩展品为核心的一个个展示群或相对独立的空间场景。这种令人兴奋的尝试至少带来双重的效果：明星展品既带动了其周边的一般展品，使观众在趋向主要展品时也能顺便看到它们；也为展厅的整体参观节奏带来一种韵律，并增强了对下一步观展的期望。

6. 阵列布局

在展陈设计中经常将那些在同一主题下的同类展品集中在一起摆放，尤其在数量较多的情况下，采用阵列的布局形式。此种陈列方式的目的之一就是建立起它们之间的视觉联系，希望观众在观赏这些展品时能够将它们作为一个整体来看待，在它们之间进行比较，而不至于将它们看作是毫无关联的单独个体。2009年路易·威登在北京的回顾展就采用了多种阵列布局，其中一个展区的设计是将某一时代的路易·威登精品分别摆放在一个个排列齐整的玻璃展柜中，在近百个展柜的下面则是一个由灯光照亮的巨大乳白色平台，使观众强烈感受到如此琳琅满目的展品全部浸淫在一个高度统一、简练与时尚的氛围之中。

设计阵列布局时应特别注意展台之间的距离，根据展厅的尺寸与观众的流量做出精确的设计。此外每件独立展柜的安全与稳定性也必须十分牢靠，以防范不经意间可能会发生的碰撞。

7. 扇形布局

扇形布局（或开放式布局）较多用于各种商业用途的展览会，特别是对于那些意在走马观花的非专业参观者，这些等距离铺开陈列的展品可以在瞬间当中被一览无遗，而尽量减少不必要停留和驻足仔细观看。大部分参观商展的观众与参观展陈馆的观众具有明显不同的观展态度，他们较少有兴趣长时间地观看某一件展品，驻足思索的情况也较少发生，他们移动的节奏较快，以便尽快找到并锁定自己感兴趣的展位。从这一点考虑，扇形布局的开放特点为此提供了特别的便利。

8. 地图导览

在一些较大的展览空间里，为避免规定过于复杂的参观流线，但又要保证观众能够清楚地知道自己的位置及所要寻找的目标，越来越多的展陈馆采用了交互式导览图的方法，而不再需要刻意地规定出参观路线。这种方法尤其在那些陈列顺序较为开放的综合性展陈馆中较为常见，在展厅入口处或展厅中心的显著位置（根据需要也可设多处），交互式导览图成为类似"咨询处"一样的锚地，观众在这里迅速了解所有展示的内容、在展厅中的位置并据此规划自己的参观顺序与路径。尤其在那些较大型的展陈馆中，由于展览内容极为丰富，建筑空间也可能较为复杂（特别是多层建筑），观众可以多次查询互动导览图，多次对自己的参观路线进行调整。

9. 散点

散点式布局可以使参观者自己拥有较多的主动性，允许他们在展览中自由选择非线性路径，以期在参观过程中发现意外的惊喜。在此流线路径中，参观者可以得到较多的观展自由，通过交错与重叠的方式反复浏览展览的内容。因此，叙事的章节、路径以及空间的安排虽然相互关联，却没有严格的顺序。例如，富兰克林研究所中的元素岛（这是一个包含人类赖以生存的四大元素的主题区域），尽管它们之间联系紧密，但每个区域都相对独立，游客可以随意探索。如代表光的灯塔、代表空气的帆船、代表水的水轮和代表大地的洞穴，它们以突出的视像瞄定了各自所代表的物质空间，供参观者自己去探索与发现。散点式布局的特点在于，没有中央叙事主动脉，展陈馆与设计师对观众定位的控制较少。通常，馆方会在入口处设置一幅导览图，为参观者提供一份参观指南，以便他们了解展览内容及所在位置，并据此大概推算出自己想要优先观看的部分与大概的时间分配。

然而，如果提前知道了一切，可能会是一个无聊的展览，所以在布展时也需要制造一些悬念。散点式的布展风格恰恰可能会帮助制造一些混乱或迷失，以作为增加空间趣味与悬念的一种方式。

10. 全开放

开放式布局创造了一个完全没有视觉障碍的展览空间，除了室内的一切一览无遗，观众也可以完全自由选择自己的参观路径。观众可以快速直奔他们感兴趣的区域或展台，并自由掌握自己的停留时间。

旧金山的建筑师伯纳德·梅柏克为 1915 年的巴拿马太平洋国际博览会所设计的美术宫就是对开放式布局的典型诠释。这个巨大的车库般的开放空间在博览会之后不久被弗兰克·奥本海默回购，并将它辟为探索展陈馆的新馆。观众身处开放的空间时将更加有利于进行深度的探索，而不是被动跟随人流的走马观花。新馆的展览面积比老馆扩大了三倍，却仍然延续了老馆的开放式设计原则。

但开放式布局也带有明显的不足，其中广为大家诟病的问题主要有：大空间的视觉无障碍会降低减少观众惊喜的机会，也会使观众，尤其是年轻观众易于产生视觉疲劳；另外，无障碍空间的声学效果不易控制，隔音效果较差，具体表现在观展环境比较嘈杂。因此也曾有人试图通过设计不同尺度与层次的视觉装置来提升视觉观感，通过定向音场消除噪音等手段来弥补这些不足。

以上所列举方法中的每一种其实都具有各自的优势，使用其中任何一种布展方式并不意味着排除其他的方式，许多成功的展览都同时采用了多种形式的布展方法。例如，在入口处的狭窄空间里可能会采用单一流线，但随后当观众进入一个较为宽敞的空间时，就有可能采取分流的散点布局或核心辐射等。总之，理想的展线设计与空间设计一样，需要在节奏上有所变化，以展览的主题叙述为主干，创造出丰富的动态韵律（图 3-1-37 至图 3-1-47）。

图 3-1-37　迪士尼乐园中的"小小世界"

设计要点（合理的空间与流线）：单一参观路线，这是一种强迫性引导观众参观流线的设计，观众沿着预先设计好的路线依次参观，基本上没有自己的选择。

图 3-1-38　芝加哥菲尔德博物馆的斯坦利大厅

设计要点（合理的空间与流线）：同心圆式展线，这种形式的特点是将核心展品置于中心位置，围绕在周围的是其他附属展品，许多博物馆都采用了这种布展方式。

图 3-1-39　路易·威登回顾展

　　设计要点（合理的空间与流线）：阵列式布展，在展陈设计中经常将那些在同一主题下的同类展品集中在一起摆放，尤其在数量较多的情况下，采用阵列的布局形式。此种陈列方式的目的之一就是建立起它们之间的视觉联系，希望观众在观赏这些展品时能够将它们作为一个整体来看待。

图 3-1-40　旧金山探索博物馆

　　设计要点（合理的空间与流线）：开放式布展，这种布局创造了一个完全没有视觉障碍的展览空间，除了室内的一切一览无遗，观众也可以完全自由选择自己的参观路径，可以快速直奔他们感兴趣的区域或展台，并自由掌握自己的停留时间。

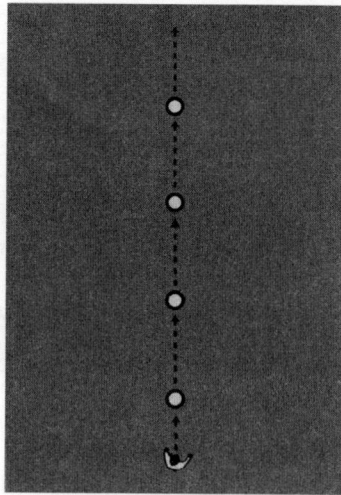

图 3-1-41　单一参观路线

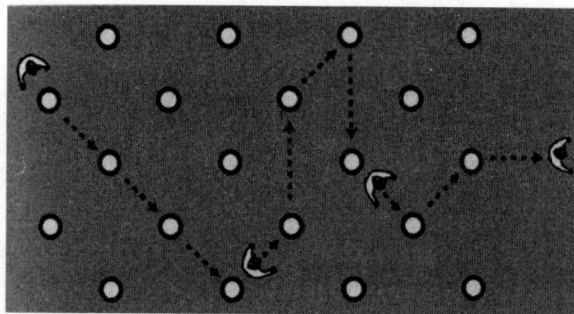

图 3-1-42　多通道参观路线

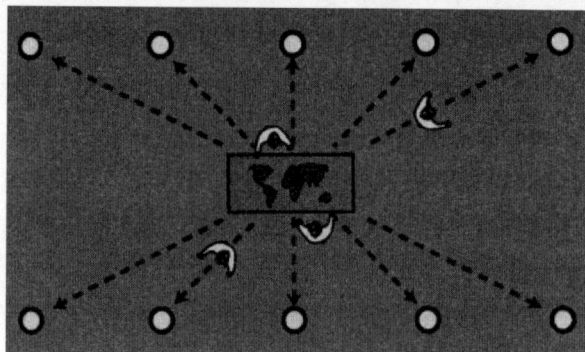

图 3-1-43　对应布局

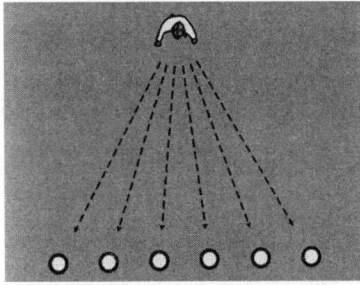

图 3-1-44　扇形布局

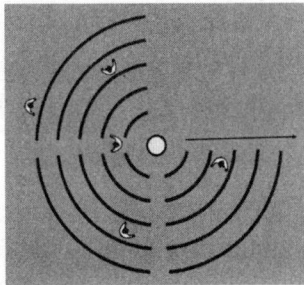

图 3-1-45　同心圆式布局

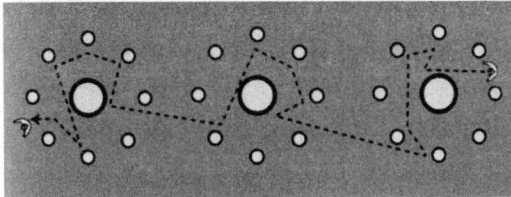

图 3-1-46　星形布局

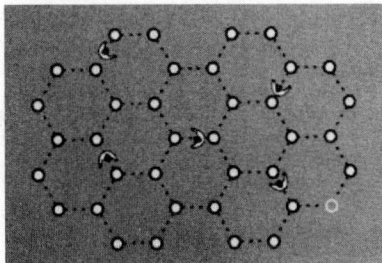

图 3-1-47　阵列布局

（二）重视展陈空间安全性和可靠性

展陈空间的规划设计中，参观者的安全、方便是必须得到保障的一项重要内容。在参观流线的安排上，必须设想到各种可能发生的意外情况，如突然停电、火灾、意外灾害等，必须制定相应的应急措施与预案，并定期组织演练。而在大型的展陈活动中也必须有足够的疏散通道，应急指示标志、应急照明系统等。同时为了方便参观者，展陈空间规划设计中还需要认真考虑参观者的通行、休息等内容，并尽可能地照顾到伤残者的特殊需求，增加"无障碍"内容。

（三）保证展陈活动的辅助设施空间

一些展陈活动中，展陈内容可能包括需要动力输出设备等辅助设备设施，支持的仪器、机械装备、模型等，需要额外占用一定空间，因此在规划设计时应将这个空间提前预留好并尽可能地与展陈环境相隔开，以防止噪声、有害气体等的污染。

（四）注意协调总体与局部空间关系

展陈空间格局设定方法主要有以下几种。

1. 嵌套：大空间中套小空间，所传达的信息属同一类，但通常小空间里的展陈内容更重要；

2. 交叠：两空间产生部分交叠，用于表现关系密切的两部分展陈内容；

3. 连续：两空间无明确联系又不宜使用明显界限，一般为出于展陈内容的类似而对空间界限进行淡化处理的方式；

4. 邻接：两空间紧密相连却又有明确界限；

5. 分离：两空间展陈内容等完全不同且相对独立。

展陈空间规划设计中，可根据具体场地与预算等基本条件，综合运用各种格局设定方法，在坚持总体设计风格，突出展陈主题的前提下，进行各功能空间的格局设定做到分布合理有序，连接清晰流畅，总体与局部和谐统一。

第二节　展览陈列空间的构建

一、展陈空间设计的基本尺度

任何一个展示空间内的基本尺度都不是固定的，都要结合实际情况来进行尺度的把握，充分展示展品的功能与内涵。在尺度的设计过程中，要综合考虑客流量的大小和淡季旺季的差异，进而设计出更符合大众参观的基本尺度，其次是按照人体工程学来进行设计，将尺度的大小把握好，将展品摆放在大众欣赏角度最好的位置。以下五个基本尺度需要注意。

（一）展厅的高度

展厅的高度最低应大于4000mm，过低会使观众感到压抑；最高可以是8000mm、10000mm，甚至更高。

（二）陈列密度

展示柜台与陈列物品所占的面积以占展场地面与墙面总和的40%为宜，不能超过60%，如果超过60%，则会显得拥挤。当陈列物品和道具所占体积庞大时，陈列的密度要小，否则会给观众造成压迫感和紧张感，不利于参观，甚至可能引发堵塞和事故。

（三）陈列高度

陈列高度主要和参展者的视角、身高有关。地面以上800—2500mm为最佳陈列视觉范围，按人体平均身高1700mm计算，视高约为1550mm，上下浮动200mm的范围被视为黄金视觉区域。地面800mm以下区域可为大型展品的陈列区，2500mm以上的空间可陈列大型的平面展品等。

（四）参观通道的宽度

参观通道的宽度一般以普通人的肩宽加120mm的空隙尺寸即600mm来计算。主要道宽应允许8—10股人流通过，即4800—6000mm，才不会拥堵。次要通道则应以4—6股人流来计算，即要达到2400—3600mm。如果是环形通道，通道宽度的确定则要看被环视的展品的高矮和大小，陈列展品高大时，则通道宜宽，可设置为2400—3000mm；陈列展品若矮小，则通道宜窄，要按1800mm来设计。

（五）展品和道具尺度

1. 展品尺度

展品有平面展品和立体展品两大类。

（1）平面展品

常见的平面展品为各种文件和档案，尺寸多半为B5（260mm×185mm），A4（297mm×210mm）。印刷的整幅招贴画有787mm×1092mm和889mm×1194mm

两种规格，对开为546mm×787mm和597mm×889mm，其他图纸规格尺寸如下（表3-2-1）。

表3-2-1　其他图纸规格尺寸

	A0（mm²）	A1（mm²）	A2（mm²）	A3（mm²）	A4（mm²）
B×L	841mm×1189mm	594mm×841mm	420mm×594mm	297mm×420mm	210mm×297mm
c	10			5	
a	25				

（2）立体展品

凡是有三维尺度的展品都属于立体展品。它们的尺度变化很大，小型的有60mm的挖耳勺、120mm的戒指，中型的有双人床（2000mm×2200mm×450mm）这样的家具类，大型的有汽车、轮船等。

2. 道具尺度

以下列出一些主要展示道具的基本尺度数据。

（1）展板

展板的常用规格有600mm×1800mm、900mm×1800mm、1200mm×2400mm等，宽高比是1∶2或者1∶3。小型展板有400mm×600mm、600mm×900mm、900mm×1200mm等几种规格，还可以做成400mm、600mm、900mm、1200mm大小的方形展板，板厚20—30mm。

（2）展台

展台从高度上分低、中、高三类。低展台的高度有80—400mm几种；中高展台有600—1200mm几种；高展台高度有1400—2800mm几种。从展台形状来看，有正方形、长方形、三角形、圆形、五角形、六角形、菱形、椭圆形和不规则形，可以相互拼联、组合或者摞叠。

（3）展架

展架是用来吊挂或摆放展品的。大型展架高1600—2200mm，宽300—600mm，长度有1600mm和1800mm两种。小型展架高度一般为300—450mm。目前拆装式、伸缩式和折叠式展架运用得很广泛。

（4）展柜

展柜分高展柜和矮展柜两类，高展柜常规尺寸为长1800mm，宽600—

700mm，个别为900mm，高1900—2200mm，底座一般为900—1200mm。矮展柜常规尺寸为长1400mm、1600mm，个别有1800mm、2400mm，宽度为600—700mm，高1200—1450mm，底座一般为900—1000mm。矮展柜有平顶、单坡顶和两坡顶三种形式，两坡顶的宽度较大，通常为1000—1200mm，最宽为1500mm（图3-2-1）。

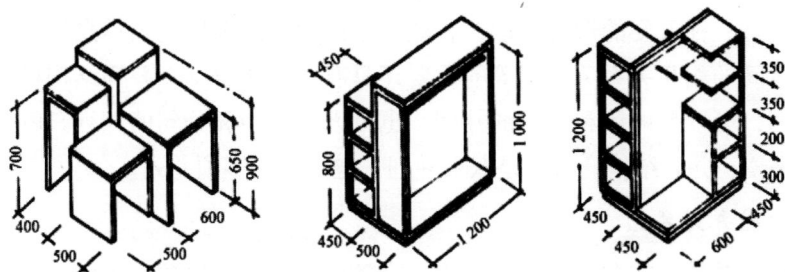

图3-2-1　展柜设计尺寸

（5）标牌

标牌指示方向，标明参展单位（公司、企业等）信息。大型的标牌可以由展架和大块展板构成，尺寸可以与展墙同高或者更大一些，以更明显、突出。小型的标牌尺寸为400mm×600mm、900mm×1200mm，放在墙上方，吊挂在走道上方或固定在横跨走道的过梁或卷架上。

（6）接待台

展会中的接待台尺寸没有统一的标准，多半是长条形平面（长1200—1600mm，高780—900mm，宽400—500mm，配有相应的座椅），高一点的接待台像吧台（高1100mm），配高脚座椅。

（7）资料台

放说明书和展场物品介绍的资料台，高度一般为780—800mm，也有900—1000mm高的。形状有正方形、长方形、圆形、六角形和不规则形等多种，有500mm×500mm、400mm×600mm、400mm×900mm、450mm×1200mm和1500mm×1600mm等尺寸。

二、空间的生成与建构

空间是物质的存在形式，具有历史性、社会性和实践性等特点。人类在不同发展阶段利用、生产、建构和创造了不同的空间形式。它既包括先于人存在的物质空间、能量空间、信息空间和生命空间，也包括人类创造的社会空间、精神空间、理论空间、文化空间、客观空间、虚拟空间。

（一）并列建构

1. 基本概念

并列是一种重要的形态手段，它能够把两个或两个以上的信息连接起来表示出它们之间的相互关系（是同等的重要还是有主次之分）。并列结构可以是词和词的并列，可以是词组和词组的并列，也可以是分句和分句的并列。就并列项目的多少来说，并列结构既可以是双项并列，也可以是多项并列。

2. 空间并列关系

并列关系是形式逻辑术语，义为在文章中，层次、段落、语句、词组都可呈并列状态，并列状态只有前后之分，而无主次之分。并列空间是两个或多个相似空间的并列，地位同等，不分先后。并列空间建构有连接、接触、集中式、串联式、放射式、群集式和网格式等类型。

（二）次序建构

1. 基本概念

次序，依次排列的顺序。次序结构是最简单的程序结构，也是最常用的程序结构，只要按照解决问题的顺序写出相应的语句就行，它的执行顺序是自上而下，依次执行。

2. 空间次序关系

空间次序关系，是指依据事物之间或事物内部各部分之间的关系来确定说明内容的先后。事物之间的关系虽然错综复杂，但总是有主有次，有因有果，有一般的和个别的，有普遍的和特殊的。空间次序建构包含重叠、包容、序列式和等级式。

（三）拓扑建构

1. 基本概念

拓扑学的英文为 topology，几何拓扑学是 19 世纪形成的一门数学分支，它属于几何学的范畴，研究的是几何形体在连续形变，精确地说，双方一交换而且连续的变换之下保持不变的性质。

2. 空间拓扑关系

空间拓扑关系是指图形元素之间在空间上的连接、邻接关系，不考虑具体位置。这种拓扑关系是由数字化的点、线、面数据形成的以用户的查询或应用分析要求进行的图形选取、叠合、合并等操作。空间拓扑关系描述的是基本的空间要素点、线、面之间的邻接、关联和包含关系。

三、空间的延伸与升华

随着社会经济的发展繁荣和人们生活水平的普遍提高，室内空间的设计正在打破传统的功能性设计，更加注重空间设计的精神延伸。除了考虑功能性、技术性和地域性等因素外，越来越注重人们生活的精神品质，同时还要体现室内空间的审美韵味和文化底蕴。不仅仅是物质属性上的空间使用面积扩大，还有对人们感官和心理层面上的双重延伸。它提升了空间设计的审美水平，满足了人们对室内环境的精神需求。这一变化既可用在客观事物上，也可用于抽象意义。一方面是指现实层面的物体造型延伸，另一方面是指精神领域的意境延伸。

（一）概念延伸

1. 基本概念

概念是反映客观对象的本质属性的思维形式。概念是在感觉、知觉和表象的基础上，运用比较、分析、综合、抽象、概括等方法形成的。概念这一思维形式是和词语联系在一起的，任何一个概念都是用词语表现的。概念的词语表现称为名称。每一个概念都有一定的外延和内涵。概念的外延就是适合这个概念的一切对象的范围，而概念的内涵就是这个概念所反映对象的本质属性的总和。

2. 概念内涵与外延

一个概念的内涵愈广，则其外延愈狭；反之，内涵愈狭，则其外延愈广。概念的内涵与外延之间的这种依存性只适用于具有从属关系的那些概念，即只适用于一个概念的外延完全包含在另一个概念的外延中的那些概念。

概念可以是一个词、一个字、一句话、一个故事、一种情境，是品牌内涵与文化的转译与诠释，不是简单的空间布局与陈列，而应赋予一种气质与品味，传达品牌的一种精神与文化，也是讲好品牌故事的一种方式。同时，从概念到设计，是空间的实验有更多可能性，是空间独特性与唯一性的传达。

（二）空间升华

1. 基本概念

升华有多种含义，在物理学中，升华是指物质从固态直接变成气态的相变过程；在语言文学的解释中，升华可以比喻某些事物的精炼和提高、思想境界的升华等。此外，在心理学等领域，也可以用到"升华"这个词。人们利用升华的原理，使科技变得更加发达；文章结尾处升华，使文章的思想境界得以提高。

2. 空间升华

"空间"是所有造型艺术"气韵往来"的载体，几乎所有的可视性艺术，其空间性一方面取决于生理意义上的眼睛所视的过程，只要所见实物都具备瞬间的空间感；另一方面来自心理感应的"感性空间"，是在客观实体的基础上，用"视"去"觉"去感，其间的精与粗、高与低、简与繁、雅与俗、虚与实、开与封，都是于"现实客观"的基础之上由自然美的空间形态到艺术美的空间形态，到抽象美的空间形态的过程延续，最终走向书法艺术的终极位置——"意境"。空间结构直接决定了"空间性"的传达，使空间结构元素的系统组合产生的秩序、节奏进行和谐的整体性融合，达到空间的升华。

四、展示空间的分割与展示场景营造

这里设计的步骤一般首先使用手绘的方法绘制平面的布置图，分割展示的区域。然后分出各个展区的展线。再在展线中找出重点部位，绘制场景立面及透视效果。手绘修改后，可绘制 CAD 平面布置总图，修改确定后，导入 3DMAX 绘制三维展厅鸟瞰模型。

（一）展示空间的分割

空间分割一般从平面入手。先划定区块，比如说序厅、历史厅、现代厅、尾厅这样的分布。划区块时要考虑各种展厅的功能特点。序厅，一般要有较宽敞的集中空间，便于人流的聚集。要有一个较大的展面放置馆名、主题墙。序厅的效果要能产生震撼、具有足够的冲击力。展厅的划分一般以矩形或圆形为基础。在符合消防规范的前提下，应尽量增加展线的延米，即用展墙多多加以分割。一方面可扩大展示的面积和容量，另一方面可加强空间曲折变化的效果，增强展示空间的趣味性。尾厅可安排影视观赏，或者留念互动项目。各个展厅之间要注意过渡和衔接。观展的路线安排既不能让观众一目了然，也不能产生交集。平面划分时也要注意兼顾层高，如要进行场景等比还原的，有多媒体设备的都要注意空间体量的大小。这一阶段应完成功能分区、参观流线的设计（图3-2-2）。

图 3-2-2 空间分割

（二）展线的布置

不同功能展厅的展线布置是不一样的。

序厅的展线力求以一个面为主，展线力求取得较大的长宽尺寸，从而得到一个较大的具有震撼效果的主题墙。序厅中还会有一些其他的功能，例如查询功能、总的导游图等，可布置在主题墙的两侧。此外为了给人流腾出空间，序厅的展线不宜曲折变化过多（图3-2-3）。

图 3-2-3 展线布置

一般展厅的展线应该曲折变化地布置。每一展线一般主要由标题（一级、二级、三级）、图文展板、展柜、场景、多媒体展项组合形成。一般标题、展板、展柜组合在一起布置，场景与多媒体组合布置。这两组展线也要考虑有机地结合，自然衔接过渡，不要过于生硬（图3-2-4）。

113

图 3-2-4　曲折变化

　　展线的布置要考虑以下几点：标题突出，分清层次。展板图文结合，富于变化。展柜、实物展出与图文展板有机结合。场景与多媒体要营造逼真的环境，增强渲染力（图 3-2-5）。

图 3-2-5　重点突出

（三）展示场景的营造

　　场景是展示中的亮点、看点。因此重点谈一下。场景往往选取展示大纲中最具故事情节的、生动感人的内容，通过场景还原的方式再现，使得观众犹如身临其境，产生共鸣。

　　场景营造要注意故事情节的萃取，提炼最动人和容易表现的动作。应该根据场景故事来合理安排周边建筑、道具、植物、灯光、背景等的配置。所有配置都要注意时代特征，做到还原得合情合理，以假乱真（图 3-2-6）。

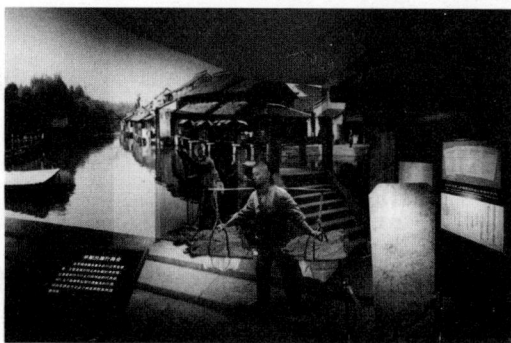

图 3-2-6　场景营造

五、各类风格的展示装饰设计

装饰设计一般先由总设计师运用手绘的方法结合上一节的空间布置图绘制立面效果和透视效果。然后绘图师运用 3DMAX 软件绘制三维效果图。再运用 Photoshop 软件加工一些道具、人物、细节。这一过程是一个创意到表现的过程，是思维转换成图面的过程。

展示装饰设计必须具有鲜明的时代特征，历史感。其手法往往用各个时代的建筑装饰作基本的装饰要素，显得古朴而厚重，起到烘托展示内容的作用（图 3-2-7）。

图 3-2-7　历史风格

本部分将对各种装饰的元素做介绍，由于篇幅所限，无法全部详述，只介绍部分典型的特征给读者，便于其加以选择、利用于展示装饰设计中。

下面按大类详述具体的设计要领。

115

（一）中国古典式展示装饰设计

中国古典文化源远流长，灿若星辰。其建筑装饰按主要历史时代分为几个阶段，设计要领各不相同。

原始社会时期，中国原始人类主要居住在洞穴、岩洞内，这样的装饰应以土质洞穴、石质岩洞为主，配以各类岩画、壁画（图3-2-8）。

图 3-2-8　中国古典式

夏商周时期，建筑主要是木结构框架（结构间使用捆扎法），茅草屋顶的样式。这样的展线可以木框架为装饰，茅草封顶边。木板做展面，夯土做基础踢脚（图3-2-9）。

图 3-2-9　木结构框架

西周制陶技术的发展直接导致了瓦的诞生。长江、珠江流域的木结构铆榫技术传入中原黄河流域。西周的建筑样式有了很大的改变。做这类装饰时应该注意几条。首先木框架是榫接方式结合，出现了柱头坐拱的形式。但是斗拱还不成熟，挑檐不大。瓦片已经作为屋盖，木椽子上铺设草席，草席上覆瓦。这时的瓦有特征，瓦上有陶制瓦钉。基础夯土，出现了勾栏的设计，不再用木板围边（图3-2-10）。

图 3-2-10　西周制陶技术

秦汉时期开始到魏晋南北朝，建筑样式有了极大的进步。我们作装饰时可按以下几点设计。第一，基础是夯土外包条石的方法，称作高台建筑。这是汉代建筑的一大特征，所以展线设计时要注意底部基础装饰要做出条石包边和高台的感觉。第二，汉代的斗拱技术已经完善。汉代斗拱尺度巨大，挑檐比前朝深很多。汉斗拱装饰简洁，较粗犷，漆红。汉瓦无瓦钉，瓦下铺设木板。出现了有文字和装饰的瓦当，如长安、未央等字样。门扇、护栏装饰较为简单，漆黑。东汉出现了较多的碉楼样式，主要起到防御的作用，如果表现东汉以后的历史，层高允许的话可采用这样的装饰，时代特征明显（图3-2-11）。

图 3-2-11　东汉装饰

唐代建筑秉承汉代的恢宏大气，斗拱尺寸也非常大。但做唐代装饰设计时还是要考虑唐代的许多特征。首先唐斗拱制度比汉斗拱略小，出现了下昂。各种木构件有了许多简单的木雕装饰，比如枕头用批竹纹、吻兽用神鸟纹，还有各式的脊兽等。牛腿、斗拱上也出现了雕刻和彩绘。但较明清时代相比还是比较适度的，显得十分大气。唐瓦出现了许多莲花滴水，并用琉璃制作。瓦当装饰有图案，不用文字。基础副阶周匝，用条石或青砖。护栏出现了单钩栏和双钩栏之分。随着佛教的传入许多构件有了佛教的元素，比如鼓座出现了须弥座，柱础出现了莲花座。窗的样式唐代是独特的，为直根。唐代尚红，木构件多漆红或漆黑，墙体漆白。许多构件镶嵌金箔、金粉，这也为日本建筑所借鉴，如奈良的金阁寺（图 3-2-12）。

图 3-2-12　唐代建筑

宋元时期装饰风格（图 3-2-13）又不同于唐代。宋元建筑的比例较前朝更加瘦直，没有那么宽扁，视觉上更加优美，但大气恢宏不足。宋斗拱愈加复杂，其尺度小很多，装饰彩绘、雕花愈加繁复，屋檐起翘开始有较大的坡度。仿用蚂蚱纹，基础多用砖，双钩栏形制较为完善，窗为窗格。区别于唐，内部陈设较为华丽。

图 3-2-13　宋元时期装饰风格

明清建筑愈加纤瘦，装饰繁文缛节，十分华丽。明清斗拱已经不再作为主要的受力结构了，其更多的作用是装饰。明清斗拱尺度纤细，多重斗拱，十分繁复。转角铺作有较大的起翘。枋用云纹，各个构件上装饰有大量彩绘、雕刻，十分精美。门、窗上有各种雕花木刻。

值得一提的是中国古代建筑装饰是有严格的等级区分的，无论其形制、做法、结构、色彩、装饰，都有严格的限制。我们在表现展示宫殿环境、寺庙环境、园林环境和民居环境时必须加以区分，以免出现谬误。由于篇幅所限，这里无法详述，只作简要的介绍，读者有兴趣的可以看一些中国古建的书籍，如《营造法式》《园冶》《清式大木作》等，是很有裨益的。

（二）外国古典式展示装饰设计

由于中国近代史上的原因，很多中国展示设计是绕不过近现代西式建筑装饰设计的，尤其是租界文化和相关的设计风格。而且，随着当代我国的发展和富强，许多国外展商来到中国，也需要我们设计外国风格的展示装饰设计。

这里主要以西方建筑装饰元素为主要论述对象，兼及一些其他国家和地区的设计风格（图3-2-14）。

图 3-2-14　西方建筑装饰元素

按时间沿革西方建筑装饰大体可分为古希腊式、古罗马式、拜占庭式、哥特式、文艺复兴式、古典主义式、巴洛克式、洛可可式等。由于这是一个庞大的文化体系，本书篇幅有限，这里仅做一些重点的阐述，主要满足展示设计装饰的需要。读者可在课余时间看一些相关的书籍。

古希腊式主要是以三种希腊柱式为特征的。其立面主要突出纪念性，十分宏伟、庄严。展示装饰设计中应力求达到这种效果，做到真实还原。材料主要是白色大理石，山墙上有精美的山花浮雕。

古罗马式要突出罗马柱（五种）、券拱和穹顶的应用，这是罗马式的特点。券拱要注意其做法的准确性，尤其是楔石的做法。穹顶是罗马神庙的最大象征。罗马式建筑装饰有大量的帝王和将军的雕塑，其雕塑的艺术风格是不同于其他时代的，要把握好其华丽、歌功颂德的艺术特点（图 3-2-15）。

图 3-2-15　古罗马式

拜占庭式做法中穹顶和帆拱是一大特点，层高允许的情况下可适度表现，也可用仿真天顶画的方法表现。玻璃马赛克和粉画是其装饰的一大特征，多数讲的是宗教故事。

哥特式是一种中世纪艺术，这种艺术的特点是拱的运用技术十分精湛。哥特式装饰有大量的彩色玻璃窗，也反映宗教内容。哥特式、拜占庭式都有大量雕塑和绘画，以宗教为题材，突出神的力量。内部色彩、造型相对灰暗、晦涩、繁复，外部华丽、热闹、蓬勃。

文艺复兴的目的是以古希腊、古罗马艺术精神为引领来颠覆中世纪的宗教束缚。文艺复兴式的装饰也就力图恢复许多希腊罗马的做法，并发展之。比如巨大的集中式的穹顶，集中式的柱式、山墙、山花。雕塑、绘画充满其内外部，色彩华丽庄严，造型写实严谨，反映了人性的伟大，比如著名的西斯廷天顶画《创世纪》（图3-2-16）。

图 3-2-16　文艺复兴式

古典主义式强调强烈的纪念意义，由比例严谨的罗马柱式、山花、檐口组成，成轴对称布置，立面一般为典型的三段式，如卢浮宫。古典主义内外部装饰有大量绘画和雕塑，十分富丽堂皇。

巴洛克式是一种不规则的意大利装饰，爱用双柱，甚至三个柱。基座、檐口，甚至山花都做折断式，凹凸分明，富于变化。雕塑和绘画绚烂多姿，十分漂亮。雕塑与建筑构件相结合，充满变化和奇幻的效果。

洛可可式主要指内部陈设，大量的镜子、帷幔、壁炉、水晶玻璃吊灯。墙面用大量的木板装饰，细节是细巧的涡卷、植物木雕，漆白，镶金。鲜艳色彩的绘画和雕塑装饰点缀，充满脂粉气。

除了西方古典式之外，还有许多国家和地区的装饰手法可以借鉴。如古埃及、古代两河流域、伊斯兰艺术、日本等（图3-2-17）。

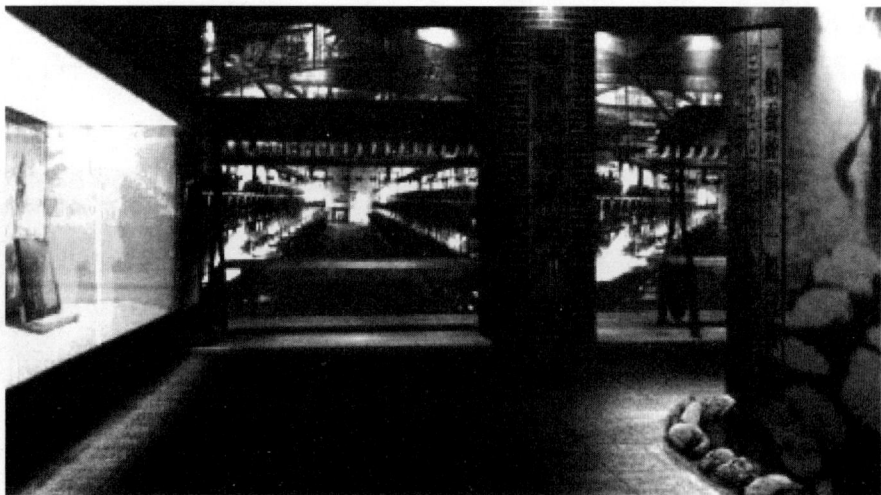

图 3-2-17　其他地区装饰

　　古埃及主要是金字塔、巨大柱子构成的神庙，装饰有方尖碑、纸草绘画和雕刻，埃及绘画艺术讲究正面率。古代两河流域主要是生土建筑，装饰有大量陶、玻璃的贴面和浮雕，多为红白黑三色陶砖及蓝白金三色的玻璃砖。图案为植物题材，金碧辉煌。伊斯兰艺术主要特点是金色大穹顶和高塔。装饰有大量花卷，十分华丽。彩画装饰有植物纹样与经文结合的阿拉伯图案，也可用在木刻雕花上。日本艺术在继承中国艺术的基础之上，有了自己的建筑，如神社、书院、数寄屋、町屋等。总的做法是木结构、推拉门、地席（榻榻米），装饰简洁，有黑色或金色障子。日式枯山水是其创造。

　　在中国近现代还大量出现过租界文化。其建筑装饰的特征主要有三个阶段。折中主义、装饰主义和现代主义。折中主义主要是西方各种古典建筑式样的传入流行和发展，甚至各种式样的混合。以上海的外滩为例，就是一个万国建筑博览。民居中也出现了小洋房、石库门的样式，适应于洋商和市民居住。装饰主义也是西方传入中国的，是向现代主义过渡的样式，如上海大光明电影院。现代主义在1934年前后导入中国，实例如上海百乐门舞厅。总之，租界文化是带有强烈殖民色彩的文化，土洋结合，镌刻着深深的历史烙印，值得展示设计师尤其是博物馆设计师关注（图 3-2-18）。

图 3-2-18　租界

（三）现代风格展示装饰设计

现代风格从德国的包豪斯开始一直到当代，讲究几何的组合、简洁的设计、功能的适用，使用现代的结构方式和现代的材料。这类装饰以各类几何体为造型基础，讲究大小变化、主从关系。材料的选用以使用大量玻璃、金属和新材料为特点，展示设计中还配合大量灯箱、装饰灯带。其创作风格有多元化的趋势，既有现代主义的发展，又有后现代主义的滥觞，比如历史主义、乡土主义、高技派、解构主义等等。其装饰风格追求多义的美学风格，推崇含混、变异、扭曲的审美。由于这样的风格特征，其设计往往别出心裁，出人意料。我们在设计展示装饰时可根据展示内容适当地选取运用。

第四章　博物馆展览陈列道具设计

本章的主要内容为博物馆展览陈列道具设计，我们依次介绍了展览陈列道具的原则、展览陈列道具的类型和展览陈列道具的陈列三个方面的内容。期望能够通过我们的讲解，提升大家对相关方面知识的了解。

第一节　展览陈列道具的原则

一、道具设计特征

道具设计的特征主要包含实用性、灵活性、美观性三个方面。

展示道具的实用性在于：一是展示陈列商品，为消费者选购商品提供平台，营造商业空间气氛，为消费者提供舒适的消费空间；二是影响顾客的购买行为，好的道具设计可以让消费者增加对商品的信任感，反之会直接影响消费者对商品质量的看法；三是道具是无声的宣传员和广告员，好的设计是商品最好的广告，是企业文化具体生动的表现，是企业树立优秀形象的关键因素。

展示道具的灵活性包括两个方面。

第一，提高设计展品的趣味性，互动性是现代设计中人性化的一个重要体现。设计者通过设计道具本身形态的折叠、组合、拆分、伸缩，可以增强使用者与展示道具之间的沟通交流，强化观者对展示主体的记忆，优化展览展示的效果。第二，一件好的展示道具，从储存、运输、展示到回收都应让人感到便利，设计师要充分考虑道具是否便于装卸运输、储存码放、展览展示及废弃后回收。

展示道具的美观性：一是比例与尺度，良好的比例关系给人以舒适、愉悦的感觉，运用数学比率，以使道具整体与局部、局部与局部之间具备优美、协调的比例；二是对比与统一，对比就是各种设计要素之间要产生反差，在人的视觉上造成紧张感，激发人的兴趣，而统一在于统领全局，对各种视觉要素加以调和；三是节奏与韵律美，节奏、韵律源于音乐术语，节奏、韵律就是条理性、重复性、连续性的艺术表现形式。

二、道具设计原则

（一）功能性原则

展示道具是展品展示的载体，因此必须为展品的展示服务，这就是展示道具功能性的体现。在具体设计时，要根据展品的物理性、化学性特点，及其形态特点、色彩特点、距离特点和陈列方式来进行展示道具的材料、造型、色彩设计。另外，展示道具除了单纯地承担载体功能，还兼顾承担其他的功能，如通过展示道具的陈列来限定展示区域，利用自身的造型、色彩、质地来强化展示主题及环境氛围。以家具艺术博物馆为例说明展示道具的功能，为了突出橙色的家具，设计师将展示道具简洁地归纳为一个浅蓝色带有弧度的展板，这一展板既在色彩上通过色彩互补突出了橙色家具，又在造型上与家具产生了对比，真正做到了展示道具所起的衬托作用，其目的就是突出展品。

（二）针对性原则

在进行博物馆展示道具设计时，必须针对需要展示的具体展品，依据每一件展品自身的特性，如内在物理性、化学性，以及外在功能性、形态性，甚至是文化附加性，来进行量身定做，在结构、造型、色彩、肌理等方面都要与展品相匹配，以期更好地突出展品特色，传递展示信息，以玩具博物馆为例说明针对性，黑色展示道具很好地将儿童的组合玩具与组合玩具的宣传图片组织在一起。

（三）展示性原则

进行展示道具设计的目的是为公众更好地观看展品，因此，展示性是展示道具的基本功能。在道具的材料选定、尺寸大小、摆放高度、观赏距离等方面应最大限度满足公众观看，以体现展示道具为展品展示服务的基本功能。以船体结构展示说明展示道具设计如何服务公众，为了便于公众观看，将分解的船体用悬挂道具放置在公众正常的视线范围内，制作的船体比例适当，并附有文字说明，非常有利于公众观展。

（四）人性化原则

展示设计的目的是更好地帮助展品传递信息，而信息的受众是广大公众，所以在进行道具设计时必须了解公众的视觉规律，才能合理设计道具、布置展品，展示道具摆放要以此次序排列，以方便公众观展。另外，注重分析不同层次公众的生理及心理因素，也有助于做好展示道具的设计，如可充当公众休息座椅的展示道具。

（五）安全性原则

无论是任何形式，任何目的的展陈艺术，都要以安全性作为首要标准。第一点讲求的是参观者的安全，第二点就是展品的安全得到保障。

对于展陈艺术而言，作为一个公共场所，我们在保证参观者安全的条件下要及时准备好突发情况的应对措施。比如说消防设备的准备展厅现场，一定要具备足够的消防器材，对于展示道具的保护也要做到位，首先就是展示道具的材料一定要坚固，只有这样才能更好地保护展品。其次展示道具的设计要留下设计图纸方便后续维护工人进行维修，还有展厅现场的电气设备一定要安全可靠，确保在使用过程中不出事故。

（六）方便性原则

在展示空间的规划设计中，也要为了广大参观者的方便进行设计，展台的尺寸高度等等需要考虑参观者的身高情况以及视野情况，比如说展台、展柜这样的道具一定要符合人体工程学，尽量做到标准化，适合各种人群。展示空间不仅要方便参观者，更要方便设计者以及其他的工作人员，因此展柜、展台的设计也要方便运输，方便组装，方便拆解。

（七）美观性原则

展示空间内的任何一种道具或者展品都是要呈现在大众的面前的，因此这些道具和展品在保证符合展示主题的前提下，还要具有一定的美观性。但是在设计的过程中，也不能仅仅是为了美观而忽略展会的内涵以及意义。美观性的设计不是说多设计一些复杂的装饰以及线条等等，过多的装饰可能会让参观者眼花缭乱，形成视觉疲劳，所以展示空间内整体要以简约为主，又要体现道具和展品的特征。

（八）经济性原则

展示道具和展品，在选择的过程中也要考虑经济性原则，针对展示道具，我们要在有限的资金内选择更加牢固的结构以及更加坚固的材料。而且展示道具这类可以反复使用，在展会结束后我们可以将这些道具进行拆解，然后保存到库房，以后再有展示机会的时候再拿出来使用，可以减少成本。

第二节　展览陈列道具的类型

一、按功能分类

（一）展架

展架是展示空间内展墙、展板、展台、吊顶与屏风等众多展具的支撑结构器件，起着连接固定、承载支撑的作用，是空间造型的骨骼结构。同时也可以用它作为直接构成隔断、顶棚及其他复杂的立体造型的器械，对空间进行分割，形成丰富的展示空间（图 4-2-1）。

图 4-2-1　洛杉矶大屠杀博物馆

1.展架的结构方式

常用的展架连接构件可以根据构成与组合方式划分为以下几种主要类型。
（1）管（杆）件和连接构件组合的拆装式结构系统。

（2）网架和连接构件组合的拆装式结构系统；

（3）连接构件夹联展板或其他材质板材的夹联式结构系统：

（4）卷曲或伸缩的整体折叠式结构系统。

2.展架的组成材料

展架管件、插接件、夹件等常采用铝锰合金、锌铝合金、不锈钢型材、工程塑料、玻璃钢等材料制造，其他小型零部件多采用不锈钢、弹簧钢、铝合金、塑料和橡胶等材料。

实际应用非常广泛的拆装式、伸缩式合金展架，具有质量轻、强度高、加工精度高、易组合、拆装方便等特点，能够比较方便地组合搭建为展墙、展台等其他空间形态的支撑骨架。

（二）展台

展台类道具是承托各种展品实物、模型、沙盘和其他装饰物的器具。展台既可使展品与地面相隔离，从而衬托和保护展品，又可以相互进行组合，起到丰富空间层次，增强空间节奏感的作用（图4-2-2至图4-2-4）。

图 4-2-2　射击历史博物馆

图 4-2-3　上海博物馆

图 4-2-4　阿斯楚普费恩利现代艺术博物馆

　　展台形式种类也非常多，可以根据展示主题与空间构造灵活选择，常用的主要有以下几种。

1. 中心展台

展示场地中心独立存在的展台，规格一般大于展区内其他展台，一般用来展示重要的或具有代表性的展品，具有浓缩展示内容、体现展示主题、表达艺术风格的作用（图4-2-5）。

图 4-2-5 咖啡机博物馆

2. 组合展台

组合展台一般是根据展示的实际需要，按照一定的模数关系组合形成大小、形状相同或不同的形体，实现展示效果。同时也可与其他展陈道具搭配形成多种组合形式，如与展柜、展板、展墙等进行组合等。

3. 标准展台

标准展台是按照一定的规格标准设计制作的，用标准化的构件搭制，便于计算出陈列面积。具有整齐划一、规范有序的视觉特点。标准展台并无通用的规格尺寸和造型样式，一般依据不同的场地条件和构件组合规律进行确定。

4. 异型展台

异型展台规格和造型区别于标准展台，具有丰富自由的变化形式，通常是为了适应某一特殊展示内容或空间而制作的。如在追求某种特殊的艺术风格或场地受限情况下，就需要有针对性的专门设计制作某种异型展台。异型展台具有鲜明的风格特点和形式感，能够强烈有效地烘托展示主题，吸引参观者的注意力。

展台一般采用木材、金属、石材等材料，设计中要能够与展品匹配，统一和谐。

（三）展柜

展柜（橱）主要起保护和突出展品的作用，是展示小型贵重物品常用的一种展陈道具。通过展柜可以达到直观展示的效果，比通过媒体宣传更具有说服力和真实感。展柜一般由木料或金属配以玻璃构成，形式多种多样。

展柜可以分为通透式展橱、半通透式展橱以及封闭式展橱。每个展橱都有一些基本的构成元素，如道具、背景、灯光等，设计师可以根据不同的需要，选择不同的元素进行组合。

根据不同的分类标准，展柜可分为多种：

（1）按照开启方式，可分为平开式、折起式、推拉式等。

（2）按照展示方式，可分为单面展柜、多面展柜、展橱景箱、灯片灯箱等。

（3）按照高矮尺寸，可分为高柜和低柜。

（4）按照样式结构，可分为立柜式、桌柜式和布景箱。

（5）按照使用功能，可分为标准装配式展柜和特殊展柜。

博物馆中带有自动调温调湿、防紫外线、防盗报警等功能的特殊展柜也常被用来保护更好的展品（图 4-2-6 至图 4-2-8）。

图 4-2-6　金山城堡遗址博物馆

图 4-2-7 里尔现代艺术博物馆的整修和扩建

图 4-2-8 恩佐法拉利博物馆

（四）展板

展板主要用来承载展示图片和文字等信息，也可以对展示空间进行分割。

展板一般放置于视域范围，距离地面1000—2500mm（常用的规格有900mm×1200mm、1200mm×1200mm、1200mm×1800mm，其中以900mm×1200mm居多）。展板可依据展示空间要求专门设计制作，也可采用标准化系列，与展台、展柜等展陈道具相配合使用，其材料多为木框贴面、多层板、密度板、木工板、KT板等。

展板设计和制作应遵循标准化、规格化的原则，大小的变化要照一定的模数关系，兼顾材料、纸张尺寸、降低成本、方便布置、运输和存储的要求（图4-2-9至图4-2-11）。

图4-2-9　方舟现代艺术博物馆扩建

图4-2-10　国家海军陆战队博物馆

图 4-2-11 射击历史博物馆

（五）沙盘模型

在展示一些城市设想或无法搬到现场的文物、名胜古迹、建筑遗存、工业建筑、传统街区时，往往利用沙盘或模型来代替实物，材料视情况可用木材、塑料板材、石膏、金属、纸板等。依展示空间大小进行不同比例的缩放，以便于公众欣赏。

（六）陈列架

陈列架是指在展柜或橱窗中用来展示展品如电子产品、首饰、衣帽的小型道具，材料可用塑料、金属或纸板、木材等制造，尺寸往往不大，可以根据不同组合形式来适应展品的大小。

（七）装饰物品

展示空间的装饰物品是用来调节展示氛围、突出展示主题的，展场根据具体需要悬挂标志旗与刀旗、会徽与图案、圆雕与浮雕、花草等装饰物品（图 4-2-12、图 4-2-13）。

图 4-2-12　青岛奥帆博物馆

图 4-2-13　卡尔马艺术博物馆

二、按结构分类

（一）固定形态展示道具

所谓固定形态展示道具是指道具的结构与形态不会改变，拆散后不可再用，或拆散了用这些材料再制作成其他类别的道具。

（二）单元式展示道具

单元式展示道具是类似乐高积木，以一种形态道具为标准单位，再用这一标准道具组合成不同形态的展示道具，以供不同展品的展示需要。如用长宽高都相同的立方体、长方体制作的展台，由于尺寸形状相同，可依据不同展示空间组合成不同的展示形式。

（三）标准件拆装展示道具

标准件拆装展示道具由零部件构成、可以拆散再组装的展具，常见的有两种：一种是由连接件和管（杆）件搭配组成的，另一种是由连接件和板件或网板拼组而成的，如球形网架、四棱柱展架、八棱柱展架（K8系统）、三叉合抱式展架、三通、插接系统、插接式桁架系统等。

（四）插接展示道具

插接展示道具由不同规格的板式构件组成，在一定部件裁出开口，然后进行插接拼组，构成展台、格架、屏风、花槽、指示标牌等各种不同用途的展示道具。用后拆开，将板件摞叠贮藏，下次还可以再利用。

（五）套式展示道具

套式展示道具是指大小尺寸不同的方桌，或大小规格不同的几形台，用时大小、高差有变化，组合形式活泼；不用时将小件依次收入大件之中，所占空间只是最大台子的体量，充分利用了大件展具的内空间，少占用贮存或运输空间。

（六）折叠展示道具

使用合页或类似构件，能使展示道具在不用时可以改变形态及体量，以便于在贮存、运输时节省空间，如易拉宝展架、折叠屏风、折叠展台等，通过拉伸来围合成不同的展示空间供展品展示。

三、按设计形态分类

展示道具应该把功能放在第一位，同时，也应该考虑设计的趣味、个性、风格等因素，从而使整体空间设计水平提高。好的展示道具设计形态是非常重要的。按设计形态分类，展示道具分为几何式、体块式、家具式、框架式、装饰类、装置类、主题式、雕塑式、符号式、垂吊式等。设计师只有根据设计定位、品牌风格、空间要求、造价要求等，去设计独一无二的展示道具，才能在满足基本展示功能的基础上，为设计加分。

第三节　展览陈列道具的陈列

一、陈列秩序

在进行展示道具陈列时，往往根据展示主题以及公众观展需要采用一定的陈列秩序对展品进行布置，常见的陈列秩序有场景陈列、专题陈列、关联陈列、特写陈列、配套陈列、联合陈列。

（一）场景陈列

场景陈列是设定一个特定的情景，利用相关的展品将当时的场景进行复原，从而为公众传递一定时期的信息。以甘肃博物馆的石窟画像陈列为例，为了让公众体验古时画师绘制壁画的情景，专门搭建了场景，让公众了解壁画的绘制过程。

（二）专题陈列

专题陈列是围绕单一陈列主题或专门为固定对象所进行的展示陈列，如雕像、陶瓷系列陈列。

（三）关联陈列

关联陈列是以一种展品为主，与其在制作或使用方面有关联的一种或数种展品为辅，结合起来一道进行的陈列方法。

（四）特写陈列

特写陈列是将展品通过放大或缩小，做成模型来方便地供公众在博物馆内部观看，也可将实物的局部放大成图片或模型用来向公众展示的陈列方式。

二、基本陈列方式

（一）静态陈列

静态陈列是一种以静态方法对展示道具进行陈列的方式。它一般可分为吊挂陈列、置放陈列、张贴陈列。吊挂陈列是一种将展品悬空吊挂的陈列方式，具有活动、轻快的视觉感受。卷轴字画、织物类型的展品多以这种方式展现出相应的姿态与造型，揭示展品式样的独特性和使用时的情态；置放陈列是一种将展品平稳地摆放于平面（如柜台、展台等）上的陈列方式，这种陈列方式充分展现了物品的立体结构与造型，具有强烈的体积感，许多大型、重型展品均为置放陈列；张贴陈列是一种将展品平展或折叠平贴壁面、柱面的张贴陈列方式，这种陈列方式充分展现了物品的结构、质地、花纹等，便于观众触摸和欣赏，通常是将展品上的图案临摹展开，打印粘贴在展板上做展品的辅助说明。

（二）动态陈列

动态陈列是借助于三维软件及放映设备，将一些历史场景进行复原，或将某一工艺程序虚拟再现给观众，从而便于公众对于展示内容的理解；当然还有一些通过公众现场参与的展示活动项目。

三、博物馆展示道具陈列要点

既要突出展品，又要便于公众观看、接触。这就要求在展示道具的陈列时，要在满足展品展示的前提下，尽量从公众观展的角度出发，充分考虑与展示道具摆放相关的尺度要素、视觉要素和心理要素。

（一）尺度要素

展示道具的尺度受博物馆内部展厅面积、高度、展品保护等级、材料规格的限制，也受标准人体高度和其他特殊要求的制约。各类道具的尺寸都有自己的特殊规律，有的展览需要标准化的设计，有的则需要非标准的特殊化设计。

尺度要素主要是指在尺度上必须方便公众参观，尤其在高度尺寸上要合适，不能让观众总是弯腰或是仰头看，展示道具做到要既安全又不容易使观众疲劳。人体尺度一般是反映人体所占有的三维空间，包括人体高度、宽度和胸部前后径，以及各部分肢体的大小。人体三维活动的上、下、左、右都有一个正常的范围和极限，展示道具的空间尺度、展示道具尺度、展品尺寸等均应以人体为标准的绝对尺寸为基本，进行组织、设计与陈列（图 4-3-1、图 4-3-2）。

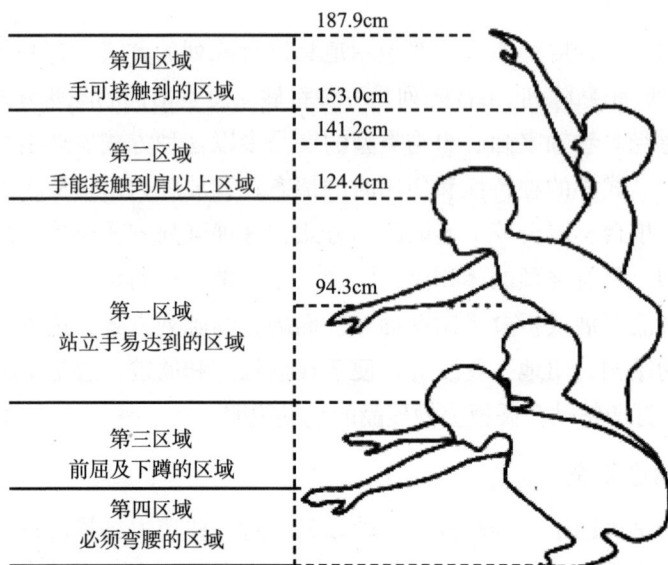

图 4-3-1　垂直作业分区

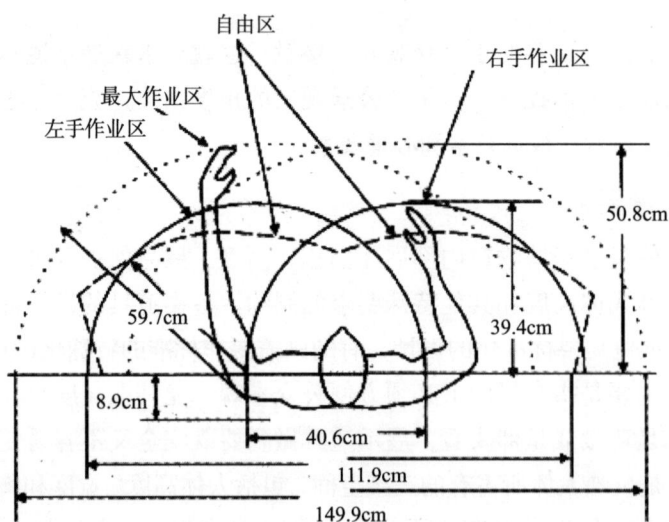

图 4-3-2　水平作业分区

基本尺度要素包括展示空间平面尺度和立面陈列高度。影响展示道具空间平面尺度的因素是陈列密度和视距，展品陈列所占面积与展厅总面积之间的百分比数，被称为陈列密度。展示道具与流通空间构成了展示空间的平面布局，因此展示道具的摆放密度与空间开敞有关，展示道具密度大，公众会感觉到拥挤；展示道具密度小，公众会感觉到宽松。合适的陈列密度既能满足功能要求，又能节省空间，至于展示道具的陈列密度如何确定则要依据展品的特性、数量多少、展示场地的大小、公众的人流来确定。使之既有利于展品的展出，又会让公众感到舒适，常规条件下，以30%—60%之间为宜。有时将展品密集陈列，是为了给公众造成一定压力，形成一种展场气氛。

视距是指观展公众眼睛到展品之间的距离，正常的视距标准由竖向与横向视角所决定，一般为展品高度的1.5—2倍，另外视距与展厅的照度值成正比，若亮度较高，视距可加大，相反则应缩小。展示立面陈列高度主要受人的视角舒适感来决定。视角是展示设计中确定设计尺寸大小的依据之一。展示的陈列高度因公众视角的限制，而产生了不同功能的垂直面区域范围。地面以上的0.8—2.5米之间，为最佳陈列视域范围，视角是指展品轮廓投入公众眼睛时的相交角度，它与视距有关，视角展示空间设计中确定不同视觉形象尺寸大小与尺度标准是重要依据之一。将展示道具的高度设置合理，使展示道具上面陈列的展品处于公众平均视高或偏下，以便于公众的观看。视高是指观展公众眼睛到地面的距离，一般取平均值，平均视高通常在1.65米至1.75米之间，当然在进行布展时，也可通过抬高视点或降低视点以达到某种特殊的视觉效果。

（二）视觉要素

视觉是人类获取信息的重要途径。通过视觉可以观察外部世界的形状、大小、色彩、明暗、肌理、运动、符号等多方面的信息内容。展示设计作为一种视觉艺术，其展示设计的信息、内容传达和沟通功效的程度均取决于公众视觉因素的运用。视觉要素是指在造型、色彩、装饰和肌理方面符合视觉传达规律，如外表色彩要单纯，不可太花哨，要有助于突出展品，展具里的灯光不能直射人眼，玻璃柜上不可产生映像。

在博物馆展示道具设计中要了解公众的视觉特征、视觉运用规律、视觉传达效率，才能合理设计展示空间、布置展品。公众的基本视觉特征包括视野、视距、视力、适应性和视错觉等，展示设计的传达沟通要取决于公众的视觉运动规律，公众的视觉习惯是由左由右，由上至下，由前往后，由中心向四周等，因此展示道具摆放要以此次序排列，以方便公众观看。人眼视线水平方向比垂直方向快，且眼球上下运动比左右运动容易产生疲劳，水平方向尺寸的判断要比垂直方向准确，人眼对所视物的直线轮廓比曲线轮廓更容易接受（图4-3-3）。

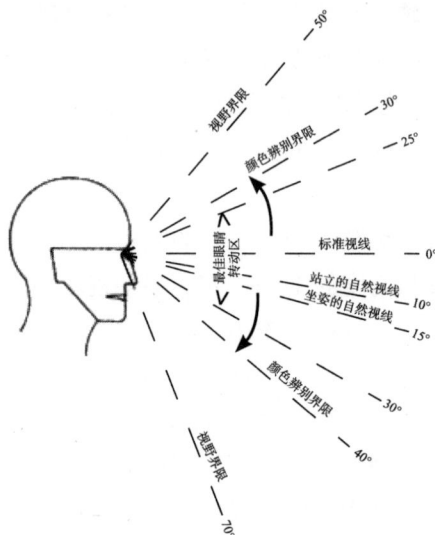

图 4-3-3　垂直视野范围

（三）心理要素

　　通过分析不同公众的心理要素，有助于更好地进行博物馆展示道具设计。首先，要运用注意心理，通过设计的语言符号调动起公众的视觉、听觉、触觉等各种感官，在时间和空间等方面找到最佳的结合，牵引公众在参观的活动中对展品的注意。其次，要重视理解心理，理解心理是对信息的一种主观反应，对同一信息，不同的公众也可能会有不同的理解，所以设计人员要考虑展示的具体内容，怎样通过信息作用于公众的心理，冲击公众心理的程度直接影响到传播的效果。最后，要强调空间感情，设计人员在进行展示道具设计的创作时，应有同公众相似的思维过程，所以要想感动公众，首先要感动自己，要运用公众的心理效应，激发公众的情感、情绪和心境等心理感受。

第五章　博物馆展览陈列设计的多媒体应用

本章的主要内容为博物馆展览陈列设计的多媒体应用，我们主要介绍了两个方面的内容，分别是展览陈列设计与多媒体的应用和多媒体与博物馆展陈设计融合。期望能够通过我们的讲解，提升大家对相关方面知识的了解。

第一节　展览陈列设计与多媒体的应用

一、多媒体技术应用主要特征

多媒体技术是将计算机、电视机、DVD播放机和游戏机、触摸屏等技术融为一体，形成多媒体技术与观众之间可互动交流的展示环境。它以其动态效果和信息量大的特点被广泛地应用在现代展示设计中，多媒体系统包括各种音响、电脑、触摸屏、球形荧幕、电视墙幕、大型投影屏幕等。多媒体技术在展示设计中应用的主要特征体现在：

1.具有强有力的虚拟性。这种虚拟性表现为以虚拟现实技术为核心，通过多媒体艺术构建非真实的幻象，即与幻影成像技术。虚拟系统、虚拟仿真、建筑虚拟、环幕投影、3D动画、多媒体网络等高科技领域相结合，创造了广阔的展示空间设计和展示手段。

2.具有深刻的观念性，展现参展商的理念，体现参展商的时代感和实力感。

3.具有广泛的公共性。多媒体展示设计艺术利用电视、录像、互联网等多种手段积极地投入展示设计中，对展示公共环境具有极强的影响力。

4.具有很强的互动性。多媒体技术在展示设计的应用，除进行信息查询、浏览和信息调查外。多媒体技术互动性则能够充分调动人的参与性，人和计算机的关系从被动发展到主动，从而充分实现每个人的个性化需求，也是展示设计中常用的方式。

5.具有形式多样的综合性。以声、图、文多种媒体全方位的并以动态的画面形式传递展示信息内容，让观众深入了解静态展品的内涵。

6.具有占空间小、信息量大的特点。体积上可大可小，根据展示造型需要可独立或组合设计，多媒体展示的内容不受时空限制，能不间断地、动态地、详细地展示信息内容，并且图文并茂，生动逼真，非常有说服力，充分体现了信息量存储大的优点。

二、多媒体技术的基本应用类型

（一）多媒体展示系统

传统的多媒体展示系统主要是指扩音，即只能通过语音传播展示内容信息。仅仅靠简单的模拟放大语音来传播（发言者）和接收（听众）信息，传播者无法讲清楚事物的全貌，接收者印象也极不深刻，根本不能满足信息社会的需求。因此，多媒体展示系统就相应而生了。随着计算机多媒体技术和数字化技术的发展，出现了全新概念的多媒体展示传媒系统。它能够通过声音、图像、文字发布信息，即能够在大屏幕投影显示计算机的图文信息和录像资料、电视以及需要讨论演示的书籍、图纸、胶片、实物（通过视频演示仪）和电话会议发言人图像、会议场等。

（二）多媒体触摸屏技术

1.随着使用计算机作为信息来源的与日俱增，多媒体触摸屏查询系统以其易于使用、坚固耐用、反应速度快、节省空间等诸多优点，使得展示设计师们日渐感到展示信息传达使用触摸屏的确具有相当大的优越性。

2.触摸屏查询技术是近几年在我国出现的。这个新的多媒体设备给人们的生活带来了新的变化。从发达国家触摸屏的普及历程和我国多媒体信息或控制系统改头换面的设备来看，触摸屏技术赋予多媒体查询系统以崭新的面貌，是极富吸引力的全新多媒体交互设备。对于各个展示传媒设计应用领域的计算机已是必不可少的设备，它极大地简化了计算机的使用，即使是对计算机一无所知，也能够信手拈来使多媒体计算机展现巨大的魅力。

3.社会的信息化发展和计算机网络在生活中的广泛应用，使信息查询更多地以多媒体触摸屏查询的形式出现。多媒体触摸信息查询是最简单、方便、自然的人机交互方式，且易于交流，解决了公共信息市场上计算机所无法解决的问题。

（三）多媒体声音系统

多媒体具有声音、图像、文字等综合信息的传播能力，并能与参观者有效实时地进行沟通，所以声音、图像、文字三者在展示演示中是必不可少的多媒体设备元素，它们之间必须具有相互协调的互补性，才能完全表达展示的信息内容，并且还大大地增强了多媒体演示的感染力，也帮助参观者对演示内容有所了解。展示设计中音响主要起着两个作用，一是表达参展商展示的信息内容；二是一种不包含实际意义，只是起着烘托展场气氛和情绪的作用，即我们常说的"背景音乐"。企业宣传片的声音素材包括四个部分：人声、解说、音响、音乐。总而言之，多媒体声音系统就是让具有听觉冲击力的音符吸引观众的注意力，让观众在美的旋律中了解信息。

（四）多媒体灯光设备系统

常规而言灯光设备系统是剧场、电视台最重要的设备系统之一，从今天的展示设计观念看，它也是整个展示设计内容中不可缺少的设备。在展示设计时，灯光照明设备系统不仅仅是解决照明问题和制造环境气氛，而且还能运用现代多媒体技术的灯光控制系统来创造企业形象效果和产品的形象效果。如 LED 灯光就是通过现代的灯光设备系统，使各种图形、文字方案形象得以光亮而绚丽多彩的展示照明效果，既可烘托展示空间的环境氛围，又可将展示信息传递给观者。多媒体灯光技术在展示设计中的应用，向业界展示了它崭新的应用前景。全新而现代的灯光设计已对传统的展示灯光照明方案造成了强烈的冲击。

（五）多媒体交互系统

计算机多媒体与电视、电影媒体不同，它具有交互性，可以对多媒体进行控制。从展示信息的角度而言，就是参展商与用户之间一来一往，相互对话，相互协作。这样的过程使双方都能有所了解，会使参观者更多的按自己的意愿行事，寻找自己想了解的信息内容。

多媒体交互动画就是运用以计算机为核心的多媒体技术，融合所选主题的内容编制而成的交互软件。借助多媒体交互动画，用更直观生动的形式表现所选主题的内容，既能弥补书本、图片的单一和空间想象能力的不足，又能使所选主题更为突出，与参观者产生互动，真正达到"交互"的主题思想。

三、多媒体互动展项设计

多媒体互动展项设计指利用现代投影技术、触摸屏技术、现代显示技术、现代感应技术组合运用，展示表现内容的展示手段，其特征是视觉效果震撼、体验性强、互动性强。

（一）多媒体互动展项的种类

多媒体互动展项的种类大体有电子书、触摸屏、幻象柜、幻影成像、环屏影像、4D 影院等。

电子书是利用投影和热感应造成空中翻页的互动效果，仿佛是一本电子的投影书。

触摸屏指用电脑、触摸式显示器组合的一种展项，主要特点是可触摸点击内容，有较强的互动效果。

幻象柜指利用四台投影机、投影膜和玻璃柜（分金字塔和龙眼两种）组合投射出悬浮于空中的立体形象，这个形式特点是立体和虚幻。

幻影成像是利用背投技术在玻璃壁龛内投射出立体的三维形象，其特点是立体、逼真，故事感强。

环屏影像是半弧形的投影效果，其特点是超宽画面，视觉冲击力较强。

4D 影院是 3D 视频与 4D 座椅结合的影院，其特点是视觉与触觉交互，声、光、电、座椅的摇摆、触觉、气流、喷雾等效果综合，产生极佳的互动效果。

（二）多媒体互动展项的最佳表现方法

多媒体互动展项设计要注意形式与内容的匹配。每种形式都有自己最适合表现的内容。

电子书最合适表现版面容量不够的图文，通过电子书的形式可以大大扩大展示容量，一般为 30—50 页面。每个页面可设计成书本的式样。

触摸屏同电子书类似，但其自己的特点是点击互动，可做成类似 PPT 链接的式样。

电子书和触摸屏的电子文件一般为 FLASH 文件。

幻象柜最适合表现立体的建筑、产品、人物等实物，观众通过四个面的观看可有直接的感受。幻象柜的电子文件应用 3DMAX 制作成立体模型。

环屏影像适合表现大场景的逼真画面，气势恢宏。片源使用高清摄像。

4D 影院要表现具有极强的视觉、听觉、触觉效果的内容，比如雷电、暴风雨、机器轰鸣、爆炸等，其片源是 3D 的。

（三）多媒体互动展项的设备和空间要求

多媒体互动展项设计要考虑设备的要求和空间要求。

首先多媒体展项必须在光线干扰较少的环境中。在多媒体展示区域不宜安排较强的照明或过多的灯箱、灯饰。

其次多媒体分正投和背投。正投要考虑投影机安置的位置，尽量不要给观众看到，也不要让观众挡住投影的光线。背投要考虑投射的距离，一般背投要预留投射距离 2—4 米。

事先应该考虑音响的位置，并考虑各个展项之间不要产生干扰。现在普遍用红外感应控制或声控系统来解决这个问题。

多媒体展示区需安排统一的弱电控制室，安置电脑主机、DVD 主机、交换机等设备。弱电控制室应位于展示区的中部。

第二节　多媒体与博物馆展陈设计融合

一、多媒体技术在博物馆中的应用

（一）虚拟现实技术

"现实"与"虚拟"，这对反义词在这里更像一对兄弟，携手成就了人们对各科学技术的种种构想。"用电子计算机合成的人工世界"，部分学者的提议，让虚拟现实不再是梦想。

虚拟现实技术，又称为 VR 灵境技术，这项技术以生成虚拟境界图像的计算机高级设备为核心，模拟人的感官功能，通过一系列自然的方式在创建的虚拟空间之中进行交流互动，打破时间、空间和各种客观因素的束缚，屏蔽现实，让参观者沉浸在虚拟世界里，感受真实，达成虚拟与现实的交互（图 5-2-1）。

图 5-2-1　虚拟现实技术

　　虚拟与现实的互动装置在现代博物馆中应用很广，它用先进的互动展示技术来传达博物馆想要观众领会的文化背景和历史意义。近年来出现的虚拟博物馆，不受空间与时间的限制，通过网络连接，更多的参观者足不出户就能真实感受世界各地博物馆及其展品，在线上就能完成与展品之间的互动。甚至还可以利用一些存储设备拷贝到电脑上进行运行，传播面的扩大，加速了博物馆的宣传力度。数字技术的加入，让图像、文字、声音等展示手段有了形象、逼真的展示方式，信息量也随之增加（图 5-2-2）。三维数字建模技术让人有了身临其境的观展体验，只要利用键盘和鼠标就能参看整个展馆的各个位置的展品，以及相关内容的说明。

图 5-2-2　虚拟现实技术

虚拟博物馆涉及的内容范围更广，可以说有网络的地方就可以随意地参观博物馆。这种快捷、简易的方式极易得到人们的认可和欢迎。把这种技术应用到博物馆的展示中，一定会得到更多爱好者的认可和青睐。

虚拟现实技术对博物馆建设意义重大。这种新颖的方式为博物馆带来新的生机，让"博物馆"成为连通虚拟与现实的互动装置。如何让富有年代和历史的博物馆年轻起来，吸引更多的青少年观众，是一个现实的问题，也是文化传承所在。

（二）增强现实技术

"增强现实"这一概念出现在 20 世纪 90 年代，是将实时计算摄像机拍摄到的画面和虚拟的 3D 模型叠加，将真实的世界和虚拟的数字界面通过电脑等科学技术在你眼前的屏幕上呈现。除了看清楚你自己的世界，还可以亲身体验别人的世界，给参观者一种混淆现实和虚拟世界并能实时交互的感受，这就是增强现实（AR）技术带来的冲击效果之一（图 5-2-3）。增强现实技术需要搭配显示设备进行使用和体验，近眼式显示设备和手持式显示设备，便于携带，都是最佳的 AR 设备，摄像头便于图像输入，有处理器，也有显示单元，这就具备了综合的开发条件，有利于增强现实技术的进一步普及和发展。

图 5-2-3　增强现实技术

在一些展馆中，设计者利用增强现实技术让历史人物和动物"复活"，参观者不仅能够看到展品，还能看到活灵活现的"标本"，一定更能吸引参观者的。

参观体验对于参观者来说，十分重要。增强现实（AR）技术很大程度上改善了观众的观感，鼓励和吸引了更多人去博物馆体会和学习。AR 技术应用程序把博物馆中难以用图片和文字来表述的内容，表达得更清晰明了、面面俱到。比如古生物、古建筑等（图 5-2-4），这些珍贵的文物体现出的表象并不能满足人们对它们的好奇心理，那么怎么才能对它们进行深入的了解呢？AR 技术就将这些问题变得简单了。即使是那些消失很久又无法构建的与展品有关的往事，AR 技术解决起来也是极容易的。同理，我们也可以把 AR 技术广泛地应用到博物馆中，去恢复那些无法找寻的工业足迹和实物，让其内容更加丰满。

图 5-2-4　增强现实技术

增强现实技术不但帮助博物馆内部展品完成辅助的作用，在与客户的联系上也是必不可少的，它在博物馆和观众间牵了一条"红线"，适时适地向参观者和潜在参观者发送通知，告知其相关活动事宜。借助增强现实技术也能为二次参观者提供了新的交互方式，带动更多的潜在参观者。

（三）多点触控屏幕技术

多点触控屏幕技术，是通过人机交互技术和硬件设备液晶显示画面触控屏共同实现。接触感应式液晶显示装置，屏幕上的触觉反馈系统根据预设的系统编程进行显示和互动。近年来，博物馆不断突破传统，与时俱进，触控屏幕交互技术让静态陈列方式焕发了青春，为文化爱好者提供了更加完美的舞台，使观众完成了既是参与者又是见证人的全新体验。

　　适时地与参观者分享藏品信息，讲述与历史相关的故事，并使之与展品产生互动的最好方式，就是使用触控屏幕交互技术。这种真实、愉悦的体验方式，不但展示了与展品相关的信息，而且可以让观众亲自在操作屏进行查询，这种切换式设计手段，调动了参观者的互动情绪。其次，触控屏幕技术设计，把观众的主动性进行了整合，积极主动地去解读信息，了解文化及历史，以及相关展品，既增长了知识，又提高了兴趣。自然亲切的多屏幕互动带来的真实效果，让藏品变得鲜活起来，有温度也有人情味了。还有，博物馆的网站，用互联网作为桥梁，打破了空间与时间的限制，用丰富多样的宣传手段，集展示、陈列、学术、咨询与导航为一体，拉近了人与物的距离。网络观众的浏览量在很大程度上，对博物馆的对外宣传起到了良好的作用。

　　现在更有技术可以将多个屏幕进行连接，把"连接性"和"互动性"发挥得更加淋漓尽致（图5-2-5）。展厅内多种媒体间的协作与融合，是现在和未来博物馆的主要创作方向和展示方式。非线性传播取代了单向性传播方式，在视、听、触方面做到"传神"，让感官得到了新的洗礼。从观察中寻求体验，在体验中学会感受，在感受中学习思考，这一接收与消化的认知过程，拓宽了参观者的思考维度，博物馆的存在意义与价值就不言而喻了。

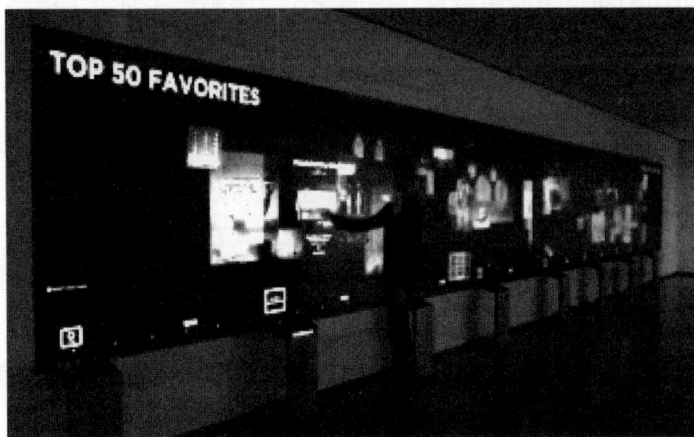

图5-2-5　多点触控屏幕技术

（四）虚拟成像技术

　　虚拟成像技术，即全息投影技术。将"现实"与"虚拟"场景有机地结合在一起，利用光学成像原理，在实物展示台上再现已拍摄或制作的影音图像，这种技术的

151

使用，让三维图像技术变得直观和简单，参观者无须佩戴任何设备，就能欣赏到立体虚拟的效果图形。虚拟成像被业界誉为显示领域的另一项革命性新技术（图5-2-6）。

图 5-2-6　虚拟成像技术

激光全息技术，使虚拟技术与激光显示技术得到了更好的结合，物体发射的衍射光呈现出的幻想效果颜色鲜艳，绚丽多彩，未来感十足，不同于之前的是，激光全息通过透视阴影使画面立体、层次丰富，全方位的观景效果，美轮美奂。

全息投影技术作为目前话题热度最高的技术之一，一直备受关注。它所营造的绚丽舞台效果，给人们带来立体的美学感受，真是令人又惊叹又亲切，实物无法实现的画面，在全息投影技术的作用下，得以实现。不仅如此，科幻电影、各类展会、旅游景区也在广泛地使用此项技术，尤其在展览中，一台大型全息展示柜替代了传统的场景，悬浮在展柜中的展品，旋转腾挪，展品的真实面目就清晰地展现出来了。近年来，很多博物馆也有所应用，大大提升了观众的观看体验。它在生活中的普及，会给人们带来更多的精彩。期待在未来的博物馆建设中，全息投影技术能够得到全面的应用。

二、博物馆空间与交互设计

利用交互设计的图书馆种类繁多，大多都不受限制，比如说艺术类和科技类的都能够得到很好的应用，而且历史类和自然类的博物馆在交互展示中也能达到意想不到的效果，能够给人一种身临其境的感觉。交互设计在博物馆中的应用，其中一方面主要建立在博物馆与参观者的交流之中。交互设计主要根据的是参观者的心路历程，以及参观者在参观时的情绪变化建立起来的，它们可以为参观者提供最好的服务。另一方面，参观者在参观的过程中，可以利用交互信息对展品产生更大的兴趣和学习欲望。利用交互技术获取信息的方式，比导游的讲解更加直接，而且交互过程可以使参观者之间进行良好的互动，提高他们的参与意识。

在博物馆的空间设计中，我们可以看到有很多空间是进行了分割的，分割成不同的展厅以后，各个展厅之间存在着一些联系，而且各个展厅之间的主题也是各不相同的，不管是从空间大小还是艺术品的陈列方面，都有自己独特的特点。而且每个展厅之间所需要的灯光以及展品布局都是不同的，我们在参观的过程中，可以将每个展厅作为一个完整的故事来进行参观，这些故事需要不同的空间以及布局，这样才能给观众不一样的感受。在这样的空间设计下，参观者在参观时，按照设计的参观路线，有规划地进行参观，在各个展厅之间进行穿梭，从一个故事的开头走到结尾，参观者的视野时而开阔时而狭小，给了他们一种不同的参观体验。比如说广东省博物馆有一个中草药的展区，这个展区为了让人们了解到植物的细胞，特地划分出一个封闭的空间来展示植物的细胞结构，当人们被这样的封闭空间所吸引时，他们走进去就如同进入一个细胞里面，从细胞的内部观察植物的微观结构，新颖的空间设计也带来了不一样的参观体验。

我们在博物馆进行参观的过程中，还能看到一些其他的交互设备，这些交互设备有触屏投影等等，这些都能吸引参观者的参观兴趣。考虑到博物馆内会有很多的青少年前来参观，在空间设计的过程中特意划分出一块区域来进行计算机问答游戏环节。通过青少年与计算机之间的交互行为，可以促进他们增进对博物馆中历史的认识，也能激发他们的学习兴趣。触摸屏的交互设计适用于任何年龄段的参观者，随着时代的进步，现在的儿童对触摸屏的使用也是非常的流畅，他们懂得如何使用这些高科技产品，比如说南京博物馆中有一个展厅是新旧石器时代，这个展厅中有很多的触摸屏幕来供大家进行互动。新旧石器时代是人类文明发展的一个重要时期，这个时期涌现出来的文明与智慧也是数不胜数的，因此在有限的展厅内很难进行充分的文化展示，触摸屏的设置就能很好地解决这些问题。因为触摸屏可以设置很多个图片或者视频素材来供参观者进行了解与学习，而且生动的图片和视频，也能使整个博物馆充满生机。

博物馆中的交互技术不光体现在人与机器之间进行的互动，我们也可以通过机器的设定来促进人与人之间的互动。比如说在展览过程中，我们可以设置一些拼图比赛。拼图内容就是博物馆中的图片内容，在比赛的过程中，两组参赛者各自操作一块触摸屏，这样就形成了人与人之间的交流互动。比如说南京博物馆内设有儿童体验区，在这个区域有很多儿童和青少年在此参观，在此互动，他们可以认识到更多的文物。儿童体验区有很多有意义的游戏，比如说对文物进行填色，这就考验了他们在参观过程中是否认真，而且在填色的过程中也可以相互比赛，进而激发他们的参观兴趣和学习欲望。

现代多媒体交互技术为博物馆信息传播提供了更多、更新的载体，拓展了博物馆的展示形态，也改变了博物馆展示手段和水平。博物馆展示通过各种交互形式创造了一个能调动观众新奇感与兴奋感的环境条件，帮助观众将展览讯息群组化，有效提升观众对展览的理解力。在爱知世博会的新加坡展馆中，除了声效、光效、多媒体效果外，还有很多其他地方的感官感受。进入展馆后，每人发一把伞。当观众在多媒体大厅站定以后，银幕上播放着新加坡的自然风貌。伴随着太阳升起，在大厅的顶部彩色树叶中透出团团的雾气，紧接着天气发生了变化，周围下起小雨。观众打起雨伞，这时大厅内灯光昏暗，接着电闪雷鸣，下起大雨来，与周围观众的笑声、惊呼声连成一片。随后云开雾散，在银幕上映出美丽的晚霞，观众收起雨伞，体验了"新加坡的一天"。

三、设计实践案例分析——以汽车博物馆为例

（一）虚拟展厅设计

虚拟展厅设计必将改变我们生活的方方面面，也将颠覆展示设计的传统方式。因汽车博物馆场地面积限制和一些重要历史节点的标志性车辆无法收集，导致一些展馆的设计受到了局限，设计的很多需求得不到满足。为了减少场馆建设费用的支出和增加观赏的趣味性，现在哈尔滨世纪汽车历史博物馆新建立了多媒体展示厅和实景漫游厅等配套设施。

参观者能身临其境地观看汽车的全景模型，近距离地感受到汽车的历史和温度。主题电影直观地向参观者展示了古董车的历史背景和文化，以及其珍贵的艺术价值。这种方式分散了观众，增加了参观者在博物馆停留的时间，大家能更好地走近灿烂的汽车文化艺术，获得比传统参观方式更清晰的信息。一部手机就能为参观提供很好的辅助作用，通过卫星定位系统提供动态解说，展厅的信息一目了然。作为助手的讲解员所处的环境背景，能随时进行展厅的切换，手机讲解也规避了视听影响。

通过多媒体技术，人们更深入地了解了这个世界，看展览、看展品，看数字

技术与实物的交流，看各种纷繁多变的科学技术带来的乐趣。网络发布，实现了全球同步体验，让信息传播不再受限于时空与地域因素。大量实物的被替代，节省了财力和物力，减少了浪费的发生。同时，它还能创造出幻境和互动场景，使有效传播成为现实。

（二）多媒体交互半景画展厅设计

新形势下，有新要求。获取信息的节奏，要与生活节奏同步，简明而准确的信息，对设计者提出了更高的职业要求，顺应时势需要，迅速有效地传递信息，才能让观众充满新鲜感。有人做过这样一项研究，怎样才能更好接收信息呢？只有看到、听到，并且亲自就此产生交流和讨论，信息的保持效果才是最好的，印象才能最深刻。

展板展示作为一种传统的展示方式，只能为参观者提供简单的平面图形，想要产生真切感并不容易。多媒体半景画，则解决了这个问题。主场景里的模型结合了投影影像、油画、灯光音响、地面塑形等表现元素，让观众仿佛置身在实景氛围中。（多媒体半景画中呈现出的各种效果可以根据用户的需求定制，比如：灯光效果、声音效果、烟雾效果、人呐喊声效果等），具有强烈的感染力。一个半景画场景，就是一个灯光与造景交相辉映的舞台，在特定灯光照明的渲染下，不同的主题，不同的影片，不同影像，惟妙惟肖，生动直观，艺术气势和震撼力的连续性传达，为汽车博物馆的展示画出了一幅幅美丽的画卷（如图 5-2-7、图 5-2-8）。

图 5-2-7 多媒体交互半景画展厅

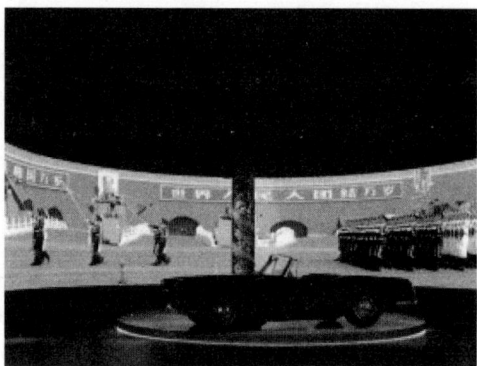

图 5-2-8　多媒体交互半景画展厅

（三）智能化交互展示设计

　　哈尔滨世纪汽车历史博物馆在作多媒体展示设计内容安排时，观众互动的加入，有效地传递了信息，使互动不再单纯地只是技术，它可以是一张纸，也可以是高端科技，形式并不重要，触发其对藏品的热情才是设计的目的。利用数字完成的多点触控屏幕技术，常常出现在现阶段的展馆中。简单、轻松的多点触摸互动系统，实现了人们理想中的人机交流，所触便是所想和所得，显示屏便可知天下。而在此基础之上，红外线感应技术、声控感应技术，在传播方式上变静态为动态，又与单独个人的体验方式不同，即使是陌生人之间也可以随意产生趣味互动，多人互动下的游戏更能吸引人们的兴趣，把科技的神奇体验发挥到极致，观众的成就感和愉悦感就应运而生了（图 5-2-9）。

图 5-2-9　智能化交互展示设计

　　"互动交流"是个动态的概述，它把抽象的主题更具象化了。馆藏人员既是向导又是专家，他们并非普通的表演者，也通过提问或挑战，让参观者体会汽车博物馆主题，寻求各自的答案。

　　现代博物馆里同样设计了许多互动环节，以供孩子们融入，专业的儿童服务，别具匠心，生动有趣。哈尔滨世纪汽车历史博物馆还带有国防教育、青少年研学的社会职责，让孩子在博物馆里体验和学习，并感受新鲜的知识。互动方式改变后，博物馆将不再是冰冷的建筑，陈列品也不再是凝固的物品，而是带有感情的交流（图5-2-10）。

图 5-2-10　智能化交互展示设计

第六章　博物馆展览陈列空间照明设计

本章的主要内容为博物馆展览陈列空间照明设计，我们主要介绍了三个方面的内容，依次是照明设计原则、照明设计程序以及照明设计运用。期望能够通过我们的讲解，提升大家对相关方面知识的了解。

第一节　照明设计原则

一、基本原则

（一）突出重点

在展示陈列中，整个展厅都需要光线的烘托，但是在展品的陈列区需要是整个展厅亮度最高的地方，只有这样才能使展品突显出来，与周边的一切形成鲜明的对比。

（二）避免直射

人的眼睛是受不了强光的照射的，因此光源也要尽量地隐蔽，在适当的角度下使用，避免照射到人眼。

（三）颜色突出

不同的展品则需要不同的光照，因此在选择光源和光色的同时，要根据展品的实际颜色不能依靠光照改变展品原本的颜色，反而应该利用灯具使展品的颜色更加的突出。

（四）提供良好视觉环境

在进行博物馆照明设计时，不能只从技术层面去考虑、遵从一些照明质量与参数的规定，单一的照明技术处理都不能实现展示空间所需照明效果，而应结合展示艺术手法及公众生理、心理感受去综合设计。提供良好的视觉环境是博物馆进行照明设计的内容之一，营造出与展示主题相符的照明环境，光线的明暗、照射面积、展现的色彩符合公众的生理、心理要求，让公众在观展过程中获得愉悦，是公众来此观展，并能长时间逗留的保证。

（五）保护展品

在进行博物馆的展示照明设计时，应减少展示空间中天然光及人工光源中的紫外辐射，利用可吸收紫外线的材料来降低光线中的紫外线强度，使光源的紫外线相对含量小于 $75\,\mu W/1m$，通过选择红外辐射少的光源或安装能吸收红外辐射的滤光器，来降低红外辐射；其次对光特别敏感的展品，除了限制展示空间内的照度不大于标准值之外，还应减少其曝光时间或曝光量标准（照度在时间上的累计），避免因光照时间过长，展品表面温度上升而导致的损坏；另外对于保存在特制的展柜或特设展室内，对光特别敏感的国家特级保护文物，必须在有特殊需要时才允许在规定照度下使其曝光。照明设计中要考虑不同展品的性质，不同材料的展品对光的敏感程度不同，设计时应根据展品的不同来选择光源和照度标准。对光不敏感的展品，照度值的设定可较高；对光敏感的展品，照度就要受到限制，一般不超过 2001x（勒克斯）；而对光特别敏感的展品，应保持低照度照明，一般应在 501x 以下，在关闭展览时应使作品处在黑暗条件下。保护展品的关键是在博物馆照明设计中选择合适的光源，尽量滤除紫外辐射和红外辐射。

（六）节约能源

在进行博物馆照明设计时不仅要从保护展品及公众观展角度出发，还要将节能的概念贯彻到照明设计的始终，节能的观念体现在照明能源的有效利用上。在对博物馆进行照明设计时，首先，在设计之初就需要充分利用天然光，尽可能将天然采光与人工照明结合在一起，这样不仅节约照明能源，对于观展的公众来讲，还可以提高展示空间的舒适性；其次，一定要通过技术方法控制光照范围，确保光源有效地照射到展品上；再次，在选择光源、灯具、镇流器等照明组件时，尽可能选择能效较高的产品，尽管一次性投资较大，但会为后期的运营及维护节省更大的成本；最后，在照明设计过程要配置合理的控制设备，以便在运营过程中，根据具体情况灵活地调暗或关闭部分光源。

（七）满足展品的灵活布局

博物馆的照明设计应具有一定灵活性以适应展品的更换。除少部分的博物馆的展品为常年不变之外（如博物馆的基本陈列），一些博物馆的临时展厅内的展品则需要经常更换。不同的展品对照明设计的需求不同，有些展品对光照要求严格，有些则要求不高，博物馆不会因展品的更换而不断改变展示空间中的照明方式，故此要求博物馆的照明系统有一定灵活性以适应不同展品对光照的需求，这就要求设计师在进行最初的照明设计时，充分考虑好不同展品的性质和今后可能出现的变动，在照明方式、光源选择、灯具确定等方面进行综合考虑，通常均匀的环境照明布局有利于应对不同展品的展示。

二、设计原则

（一）立体设计，突出效果

对于一些特殊的展品，我们在展览的过程中需要让参观者看到它的整体塑造，这就需要展品有一个立体感，从而对参观者的视觉形成一种冲击。这种立体感可以依靠灯光的设计来实现，在展品两侧形成一种明暗差度，就能使它产生立体感。如果需要的话，增强立体感的方式也有很多，比如说调整激光灯的角度等等方式都能提升展品的展览效果（图 6-1-1）。

图 6-1-1　展品的立体感

（二）体现质感，展现主题

选择正确的光源，并在投光角度、距离及辅助光源上进行合理调配，就可以使展品的光亮度、色泽、饱和度、阴影效果达到最佳。基本上，黄光或橘红色的暖光，能让人觉得温暖、情绪平缓，但过强的黄光却会让人感到燥热。白光和泛着青蓝色调的光属于冷光，则可振奋精神，让人看得更清楚。在通常情况下，具有日光色调的灯光最能够真实地体现展品的质地（图6-1-2）。

图 6-1-2　展品的质感

选购灯具，除了看瓦数与色温，还要确认光线投射出来的角度，也就是考虑光线是聚焦还是发散的。聚焦性光源的投射角度小，照到物体表面的光线能集中在某个范围内，舞台常使用的聚光灯就属于聚焦性的光源。发散性光源，光线从灯泡或灯管朝四周投射而出。一般的日光灯或灯泡都属于这种光源，因此会加上灯罩以便将投射而出的光线集中到一定的方向与范围以提高明度，这种光能营造出均匀的亮度传统上光源的投射角度越集中，角度越小，光线就像由一个点平行般地投射而出，称为漫射光。基本上，10以内的聚光灯多属于特殊角度，价格比较高。

（三）营造氛围，和谐统一

在展示设计过程中，有时为了活跃气氛，也可以通过霓虹灯以及一些新的感光材料来营造特殊的艺术效果。但在做这样的照明设计时，一定要注意把握整体的统一，切不可太花太乱，以免破坏展示空间原本的效果（图6-1-3）。延续上述的概念，直接照明的光投射到空间时，可分为点、线、面三种光形。整面的光，光源投射角度较大，基本上，光线能均匀散布在整个空间里；线性光则有较大或较小的投射角度，投射在墙壁的洗墙光就是很典型的例子；而点状光投射角度介于中等到狭窄，一般来说，照射范围面积偏小，比如，用聚光灯照亮一件精品。如果想将人形模型照得很亮，却选择投射角度很大的灯光，就算选用瓦数很大的灯具，依旧无法照出应有的效果。这是因为光线漫射会减弱强度，并减弱被照射物体与四周的明暗对比、阴影层次。反之，若想在过道、大厅等区域营造出均匀的亮度，却选用了小角度的光源，就会在地板上形成一团光晕。

提到垂直立面的照明，一定不可忽略洗墙光。洗墙光是将灯光集中照射在墙面，制造出明暗层次丰富的光墙。除了利用藏在顶棚的间接光源打造洗墙光，也可使用不对称的光型灯具，由于灯光范围落在一侧，又称为非对称的配光图。这种形式的配光跟先前提过的容角配光不同，它的轴线不对称。在墙面顶端配置这种非对称配光的灯具，洗墙效果更强烈。因为，靠墙这边特别反光，会把投射到的灯光范围都拉到墙面。

小嵌灯也能发挥强大照明效果。嵌灯的传统叫法是杯灯，通常装嵌在顶棚上，偶尔也有人将它装在地面。它往下投射的光线不只打亮桌面、地板，还建构出局部照明、营造出层次感丰富的环境光。如果将之装设在墙壁边缘，还可以做出洗墙光的效果。早年的嵌灯为卤素灯，高耗电又经常会过热，现今的 LED 灯可避免这些弊端，而且还可以改变光色，运用更广泛了。不过，选购时要注意光源的投射角度到底是聚光还是散光。

图 6-1-3 营造氛围

三、光照结合

天然采光可以充分地利用阳光资源，让人们感到舒适的同时也更加节能环保。但自然光易受时间、采光口位置等的影响，光照强度和光照位置难以稳定持久。而人工照明具有光源位置可调、光照强度恒定、光照时间可控的优点。两者相结合后，可以取长补短，相辅相成，更好地展现出展示内容的艺术内涵。

第二节　照明设计程序

一、光与照明环境

（一）光与影

光与影只有在相互的作用下，才能够展现一个完整可见的物象。除了可见之外，光影的变化会激发艺术美感，产生虚实、曼妙的奇特效果，丰富人的生活与情感，满足视觉需求。光的设计不是简单地设计光，也要设计影。不论是简单的几何形体，还是抽象复杂的有机形态，只有影的存在，才能让我们对形体产生黑、白、灰的认知，使形体具有明暗交界线、轮廓线，形成或对比，或均质，或叠加的艺术效果。

光与影的设计实例如图 6-2-1 和图 6-2-2 所示。

图 6-2-1　光影效果 1

图 6-2-2　光影效果 2

（二）光与环境

光对环境具有奇妙的效用，是环境得以诠释的基础。光作为环境中最重要、最特殊的元素，能够让环境变得或张扬，或内敛，或灵动，或沉静，或神圣，或恐怖。光是环境的灵魂，各种复杂的结构都是为了更好地在环境中呈现光感。不同的环境能够传达给体验者独特的感受，感受不同的光环境和造型物，由视觉体验上升到精神感受。

展示空间中的每一盏灯具，从其外观、照明方式和所在的空间位置，到其在空间环境中所扮演的角色等，都要考虑商业展示的整体设计需要。随着人们环保意识的加强，绿色设计的呼声越来越高，这也成为其发展的一个主要趋势。所以，如何在进行光设计的同时避免光污染是一个重要的问题。

（三）光与色彩

当一束太阳光穿过三棱镜，无色的阳光经过折射后分解成赤、橙、黄、绿、青、蓝、紫七种颜色的光。这个实验说明光的加色混合模式，红、黄、蓝三色叠加生成白光。光与色彩都是非常重要的设计元素，因为物体及空间材质本身具有色彩，光的色彩与物体色彩会叠加，由此，光的投射应该注意物体的固有色，避免影响物体的真实性。当然，光的色彩亦可提升空间、营造氛围、提高艺术表现力，好的色彩与光的搭配得到大家越来越多的重视。同时，现代技术手段的提高、动态光的介入，也极大地丰富了空间的色彩、光影关系。舞台灯光、多媒体灯及其他媒介的光源，使展示空间更具"戏剧性"，动与静的交替、光与色的融合，使空间越发具有魅力与吸引力。

二、照明光源设计

合理的光运用可以形成良好的视觉效果，更好地传递信息。目前，展示照明常用的光源有卤鹈灯、白炽灯、荧光灯、高压汞灯、钠灯、霓虹灯、节能型射灯等。具体的灯具选择应根据空间及展品需求来进行。

（一）灯光设计原则

灯光设计原则如表 6-2-1 所示。

表 6-2-1　灯光设计原则

方面	原则	注意事项
功能	照明设计必须符合功能的要求，根据不同的空间、不同的场合、不同的对象选择不同的照明方式和灯具，并保证恰当的照度和亮度。	光学特性，如配光、眩光控制，取决于反射器的形状和材料，出光口大小，漫射光或格栅形状和材料。
美观	灯具起保证照明的作用，讲究其造型、材料、色彩、比例、尺度。通过灯光的明暗、隐现、抑扬、强弱等有节奏的控制，发挥灯光的光辉和色彩的作用，采用透射、反射、折射等多种手段，创造艺术情调气氛。	灯光在光线上应与色彩、材质、建筑物相协调。
经济	满足人们视觉生理和审美心理的需要，使室内空间最大限度地体现实用价值和欣赏价值，并达到使用功能和审美功能的统一，杜绝浪费和光污染	灯具效率，初始投资及长期运行费用等。
安全	要求绝对的安全可靠。照明来自电源，故必须采取严格的防触电，防断路等安全措施，以避免意外事故的发生。	特殊的环境条件，如有火灾危险爆炸危险的环境，有灰尘、潮湿、振动和化学腐蚀的环境。

（二）光源选择

现代展示设计中应用的光源绝大多数来自人工照明光源。根据发光原理的不同，常用光源可分为热辐射光源和气体放电光源。热辐射光源包括白炽灯和卤鹈灯。气体放电光源分为低压气体放电光源与高压气体放电光源。

（三）灯具选择

目前灯具种类繁多，根据灯具发出的光线在空间中的分布情况，大致可分为以下几类。

1. 泛光灯

灯具中的光源发出的光通量向着各个方向发散，照亮整个环境的灯称为泛光灯。各种用于照明整个环境的格栅灯、光束角宽泛的下射灯、上射灯等都可界定为泛光灯。

2. 聚光灯

灯具中的光源发出的光通量汇集为一束，有明确的光束角的灯称为聚光灯。常见的聚光灯为各类射灯，其特点是光量大，投射方向明确。

3. 洗光灯

洗光灯是指光束角特别宽的聚光灯，其发出的光束角分配非常均匀，照明效果犹如水平的一个光源面。洗光灯主要分为洗墙灯、地面洗光灯、灯面洗光灯。

相关灯具如图 6-2-3 至图 6-2-5 所示。

灯光类型	图例	灯光类型	图例
泛光灯		聚光灯	
筒灯		洗光灯	
轨道射灯		舞台灯	

图 6-2-3　灯光、灯具列表

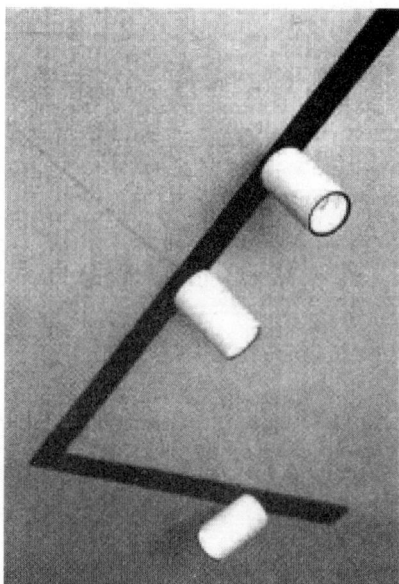

图 6-2-4　轨道射灯

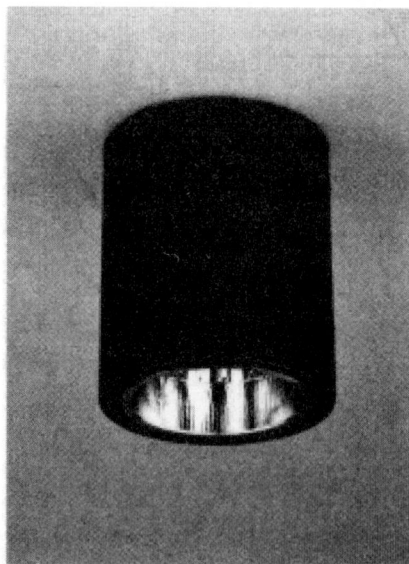

图 6-2-5　筒灯

三、照明形式与灯具选择

（一）整体照明

整体照明也称基础照明或环境照明。即为了保持合适的能见度，创造一个光线适宜的购物或参观环境，对整个展示场所进行的基础照明。整体照明通常采用泛光照明或间接照明的方式，也可以根据场地的具体情况，采用自然光做整体照明的光源。整体照明多采用节能筒灯（部分用LED光源）直射日光灯和暗藏日光灯。

（二）局部照明

局部照明也称重点照明。与整体照明相比，局部照明具有更明确的目的性。即在重要展区或针对某个展品用灯光作重点照明。根据展示陈列的需要，最大限度地突出展品特质，完整地呈现展品的形象。局部照明通常使用有方向的、光束较窄的高亮度灯具。如对珠宝饰品的照明，采用定向集束灯光照射，凸显其晶莹耀眼的特征和名贵华丽的品质；在时装橱窗陈列中，则采用射灯和背景灯，以显示服饰的轮廓线条。

（三）氛围照明

这类照明并非直接显示展品，而是用照明的手法渲染环境气氛，创造特定的情调。氛围照明对照度的要求不高，常借助色光来营造某种特定氛围。在展示的空间内，可运用泛光灯、激光发生器和霓虹灯、电子显示屏、旋转灯等设施来装饰和点缀空间，也可以用光纤束、LED等技术营造特殊的照明效果，通过精心的设计营造出别致的艺术气氛。

四、光的视觉表现与陈列效用

（一）立体塑形与层次感

清晰地识别展品的轮廓与形态细节是"光"塑造展品的首要任务。立体形态的感知依赖于凹凸表面的明暗差异。而漫射的光线与正面的光线一般不易产生明显的立体感，阴影的缺乏使一切形体都显得较为平淡。光照强度的过与不及都不适宜对原来形状的呈现，适当的明暗变化才能显出棱角分明的立体感。人工照明需根据被照物形体的特质调整适当的投光角度与光照强度，才能获得清晰的立体表现。不同角度和方向的光线会使物体产生不同形态的受光面和背光面，所呈现的立体形态和情感体验也不同。投射角度的不同使展品和空间呈现出不同的形态，层次感和立体感则来自光投射后的明暗变化。一般而言，光线从正上方以较小的角度投射下来给人感觉很正常，因为这和太阳照射的角度一致。当然，有时为了艺术地展现展品，可以采用非常规的投射角度来制造特殊的效果。

（二）材质表现与肌理感

光的一个主要效用是塑造展品形象的质感和肌理。设计者在用光时候要充分了解各展品的材料构成，根据不同质感和肌理的材料进行布光。物体表面凹凸的细微阴影构成了材料的纹理与质感，在无光泽的织物表面，可以用漫反射光线垂直于织物表面的角度布光；在表现表面粗糙的材料时，用直射或与被照面平行的小角度照射，可以有效地表现该展品形象材质的凹凸感。以一处或多处同一方向照射的光线适合表现物体的纹理组织，集中且接近平行表现的光线则较能刻画细致的质感。

（三）意象传达与情调感

美可以带给人们视觉与心理的愉悦，对美感的向往是人的本性。在丰富的展示陈列环境组织中，有力的结构、色彩与纹理，均可成为感人至深的美的呈现。现代展示设计中的照明已经不满足于仅仅是照亮展品形象，对展品进行具有艺术感染力的呈现是其发展趋势。陈列中的灯具也常以其自身造型或投射的光影吸引视线，甚至成为视觉环境中的强势元素。

光的视觉表现可塑造陈列空间的多种意象和情调氛围，直接影响观看者的心理反应。装饰性与艺术性的灯光效果通常是最戏剧性的照明，其以特殊灯具造型或灯光效果存于空间，形成独特的审美价值。此种特质的运用需要正确的光源与光色、精准的灯具位置或精确的投光对焦，以及与被照环境产生良好的对话，才能营造出属于特定空间的意象和情调。

第三节　照明设计运用

一、形、色、光、影的呼应与氛围营造

（一）光与介质

在展示陈列中光环境的整体观念下，展示环境的视觉氛围营造常来自光分布在四周介质上产生的漫反射效应。挖掘各元素组成介质的特征进行有效的组织，

是展示光视觉艺术表现较有特色的环节。光既可以使介质本身作为欣赏主体来体现空间美，也可以使介质作为新的光源体来实现空间气氛的营造。在展示设计中常用的介质可分为透明和不透明两种。透明介质如玻璃、织物、塑料、冰、水、雾等；不透明介质有金属网格和网孔等。不同的介质有不同的色彩和肌理特征，利用各种光的不同视觉特性与介质相结合，能创造出形式多样的陈列空间。根据不同的介质特征，可以充分利用光的透射性、反射性和折射性进行表现。

　　光的透射性体现光的本能，是展示中光设计最常用的手段。光源点往往在介质背后，它可以是一束射灯光穿过黑暗的环境，这里的介质实际上是肉眼看不到的尘粒。当然，还可以是穿透透明或半透明的玻璃或织物的泛光等。如选用较透明介质，使实体的面形成新发光源，形成趣味生动的视觉效果。如图 6-3-1 所示，利用介质的透光性，使半透明的介质与文字相互叠加，光源均匀藏在背后。光的均匀透射使表面的文字视觉效果强烈，将点光源的魅力充分显现。

图 6-3-1　半透明的介质使光线更柔和

（二）光与形的整合

　　展示设计中的光环境设计对形的整合方法主要有两种。一种是对灯具本身的创新，将光和灯具实体的形进行整合，光源与造型融为一体。例如在展示空间中将造型优美的灯具按一定方式进行排列组合，形成具有韵律感和节奏感的全新形象。

另一种是利用自然光、照明灯具或影像视频等光源体形成"光形",如光点、光柱、光带或光墙。这里的"光形"有别于前面所述的实体形,指小范围面积的光在较大面积上的投影,并形成平面几何形的光的图形。这一艺术手段以前主要用于舞台灯光和景观照明设计中,目前已成为展示陈列空间设计中艺术氛围表现的有效手段,很大程度上丰富了展示中实体空间对形的表现形式。如利用灯具和投影形成各种图案的"光形",由于这些"光形"的光晕变化,实体物质会有意想不到的艺术效果,这些图形还能进行位置的变化,原来静态的焦点随着灯具的转动自由变化,使整个空间气氛活跃起来。

(三)光与色的变幻

一方面,使展示空间中的实体本身,即展示空间实体和展品尽显色彩魅力。有些展示形式不宜使用色光,只要准确地传递展品自身的色彩和特性就足够了,这时在展示光设计中必须对表现空间气氛的色光进行控制。要准确地使展品实体材料本身的色彩特征呈现,就应尽量避免使用与展品形象色彩对比大的色光,以免不当的色光歪曲物体的本来面貌。比如美术馆、博物馆的陈列设计,需要选用专业的灯光设备,使展出的绘画、器皿、雕塑作品以原汁原味的面貌呈现,不当的色光会影响艺术品的信息表达。另外也不能使用带紫外线的光源,否则会造成艺术品颜色的褪色。

另一方面,展示陈列需要主动发挥光的造型潜能,用色光重塑空间的意境。根据展示陈列设计的特点,要想在短时间内提高参观者的兴趣,必须加大空间元素的对比效应。除了形体表现语言的丰富外,色光的应用是最容易唤起观众情绪的手段,它影响着人们的视觉感观、行为和记忆,甚至生理和心理健康。由于不同的色调具有不同的表情和象征性,同一空间采用不同的色光可以呈现不同的视觉感受:红色光让人感觉兴奋,黄色光使人感到明快,绿色光让人感觉安宁等。随着光色的变幻,空间的性格也不再凝固。设计者要善于利用色彩的心理效应塑造空间意境,因为与传统的物体色对比的固定性相比,色光的变幻更宜制造出动态的色彩变化。不过在色光运用上要注意色彩与背景的关系,不要同时使用两种以上的色彩,否则两者会相互冲突,使整体效果大打折扣,通常可以选择一种艳丽色调的光和灰色对比使用。

(四)光与影的呼应

光影艺术是展示空间艺术表现中最有效的方式之一。当光从不同角度和时间穿过空间的同一形体时,可以投射出不同形状的影:或线性,或点状,或清晰,或模糊，将空间的多样性渲染得淋漓尽致。它既可以表现光为主，也可以表现影为目的，也可以光影同时出现。光影的对比既有塑形作用，也强化了实体的体量、质感和肌理。展示陈列中的光空间设计要充分挖掘光与影的造型魅力，运用现代科技手段，通过创造性地组合灯具的类型、数量、照明方式和方向等，让原来平淡的空间呈现独特魅力（图6-3-2）。

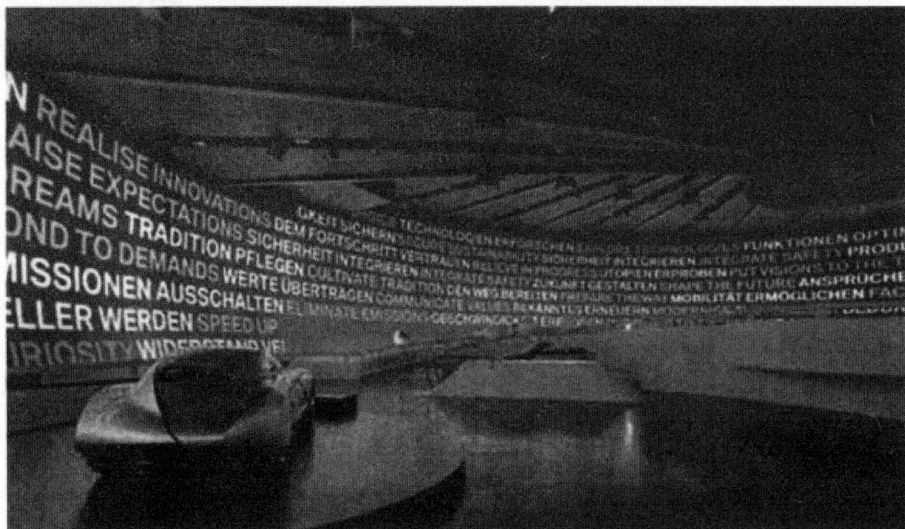

图6-3-2　玻璃幕墙发光体与表面的文字共同为空间塑形

光照产生的光和影既有形状的变化，又有色彩的变化。不均匀的光会使单一的颜色有深浅浓淡和虚实变化。光照可以通过灯具的形状射出相应形态的影子，不同性质的光源和不同的照射位置、光束的粗细，不同的光照范围所产生的各种各样光和影的形状，完全可以按照设计者的构思进行塑造。光影讲究亮点突出，即在满足基本照明的前提下，科学地、艺术化地处理光和影，采用聚光灯、照明灯等进行重点照明，充分利用光影的形态技巧制造丰富的层次感，烘托展品主体，增强陈列环境的气氛。

二、照明的方式

展示过程中的照明按照其功能，通常可分为一般照明、局部照明、装饰照明等若干种照明形式，每种形式都有不同的功能和特点。

（一）一般照明

一般照明，也称整体照明，是为照亮整个场所而设置的均匀照明，是展陈空间中最基础的照明系统。其功能是让内部观众看清楚室内设施和展示对象，为观众提供良好的视觉环境。

通常情况下为了突出展品，加强展品与其他区域的对比，会采用泛光照明或间接光照明的方式，也可以根据空间的具体情况采用自然光作整体照明的光源。整体照明的照度不宜太强，常采用均匀镶嵌在大棚上的固定照明，使光线均匀、柔和。在一些人工照明的环境中，一般照明的光源可根据展示主题进行变化，营造一种富有艺术感染力的光环境。

（二）局部照明

局部照明也称重点照明，是为照亮某个局部而设置的照明。

与一般照明相比，局部照明会更明确，它是根据展陈设计的需要，最大限度地突出展品，或给展品以一定的方向性照明，更好地反映物体的结构、肌理和色彩，完美地呈现展品的形象。对于不同的展示对象，局部照明一般主要有以下两种方式。

1. 展柜照明

展柜通常用来展示较为贵重、易损或需要进行重点突出的展品，照明上常采用顶部照明或底部透光照明的方式。

2. 展台照明

方向性较强的灯光能突显展品的立体效果，因此展台照明通常在展台或其内部设置聚光性较强、方向性较好的照明灯具进行照明。

（三）版面照明

版面照明一般采用直接照明的方式，用于墙体或展板等平面空间的照明。灯具选择上，一般采用可调节角度与方向的射灯或可安装在展板等顶部灯槽中的荧光灯（图6-3-3）。

图 6-3-3　上海当代艺术博物馆

（四）混合照明

对于照度要求较高，工作位置密度不大且单独装设一般照明不合适的区域，宜采用混合照明。它是一般照明与局部照明组合而成的，具有两者的优点，但也有亮度分布不匀等缺点。

（五）装饰照明

装饰照明也称气氛照明，是为创造视觉上的美感和艺术效果而采取的特殊照明方式。主要是通过一些色彩和动感上的变化，以及智能照明控制系统等，令环境增添气氛。装饰照明将照明技术与装饰艺术结合起来，产生很多种效果和气氛，给人带来视觉上的享受。

在博物馆展陈设计中，除了大量使用基础照明，重点照明外，有时还采用一些装饰性照明来增加展品的艺术魅力和吸引力。如 LED 灯做出的各种装饰图案，能够提升展示效果，营造环境气氛（图 6-3-4）。

图 6-3-4　玛雅世界大博物馆

三、照明的设计

（一）设计层次

照明设计的首要目的是创造良好的可见度和舒适愉快的环境。照明设计也称灯光设计，其主要任务是实施人工光源的人工照明，同时合理利用天然采光的整体光环境设计。照明设计包括基础照明、重点照明、艺术照明（图6-3-5至图6-3-7）。

图 6-3-5　基础照明

图 6-3-6　重点照明

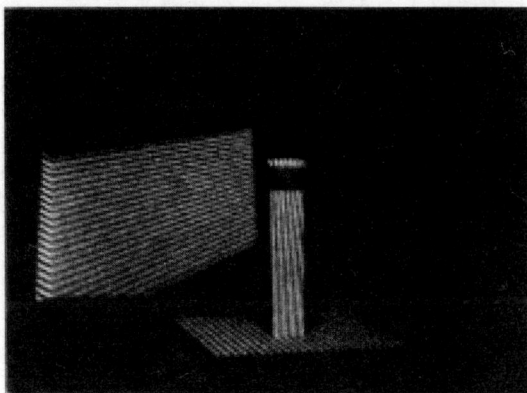

图 6-3-7　艺术照明

1. 基础照明

基础照明是指给予整体空间正常的亮度照明，是极为常用的方式。商业环境基础照明即为一般照明，对商业空间形象、环境气氛都具有相当大的影响力，不仅应有水平照度，而且应当有一定数量的垂直照度。

2. 重点照明

重点照明是指配合基础照明，在特定环节或局部所做的补充照明方式。重点照明通常包括橱窗、陈设架及柜台的照明。采用重点照明，可使展示品有突出表现，以吸引顾客。重点照明的照度随展品的种类、形态、大小、展示方法等而定，而且应与空间内的基础照明相平衡。

3. 艺术照明

艺术照明是指为突显个性和视觉效果所需而采用的控制气氛的照明方式。商业场所的艺术照明，应以展示和凸显商业功能为前提，进行艺术气氛的烘托装饰。艺术照明是用商业整体形象及美化空间来打动顾客的一种照明方式，也可以说是一种观赏照明。

（二）照明分类

照明分类如表 6-3-1 所示。

表 6-3-1　照明分类

照明层次	照明特点	效果评价
基础照明 （常规照明）	对整个空间的平均照明，也称为普通照明或一般照明。它不针对特定的目标，而是提供空间中的光线，使人能在空间中活动，满足基本视觉要求。常采用投射型照明或间接型照明实现整体照明。	没有明显阴影，光线均匀明亮，无重点突出，保持了商业空间设计的整体性。
重点照明 （区域照明）	为强调特定的目标和空间而采用高亮度的定向照明方式，可以按需要突出某一主题或局部，按需要对光源的色彩强弱以及照射面的大小进行合理调配。重点照明一般用在珠宝、首饰、贵金属、手表等高价值或小体积的静物描述中，用以吸引顾客，增加购买欲。	用特意形成的亮区与暗区对比，创造各种需要的商业空间氛围，从而突出立体感。这种高对比度，以丰富的层次突出了商品的个性。
艺术照明 （装饰照明）	定向照射空间的某一特殊物体或区域，以引起注意的照明方式。它通常被用于强调空间的特定部件或陈设。例如建筑要素、构架、收藏品、装饰品及艺术品等。相对于基本照明和重点照明，装饰照明更加强调艺术的偏向，它对于空间形象起着深度美化的作用。	增强了空间的变化和层次感，制造特殊氛围，使商业空间环境更具艺术氛围。

（三）安装方法

灯具的安装可分为固定式和移动式两种。固定式主要有嵌入式、吸附式、悬吊式、集成式等。移动式主要有导轨式、落地式。两者都根据情况需要，安装在墙面、天花板、地面、轨道、展示柜等位置（图 6-3-8）。

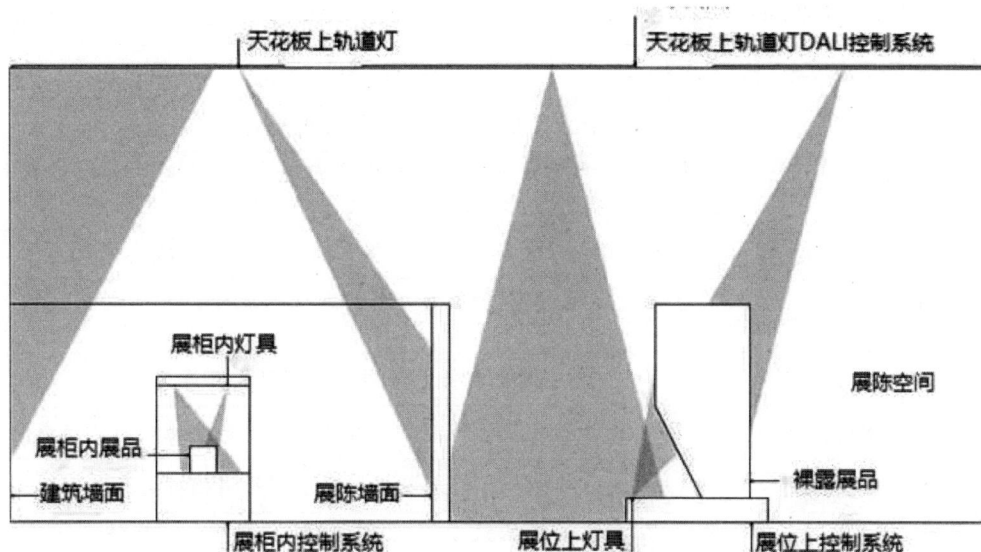

图 6-3-8 灯具安装方式示意

（四）设计手法

1. 照明表现技巧

照明表现技巧如表 6-3-2 所示。

表 6-3-2 照明表现技巧

类型	光照方式	照明效果
空间表现技巧	面发光	磨砂玻璃、柔光布的内置灯发光，发光柔和，容易形成视觉中心
	发光带	灯槽发光带、柔和布发光带，勾勒描绘空间界面，引导空间延伸
	勾线光	勾勒描绘空间界面和塑性勾线，有曲线勾勒和直线发光
	点式光	网格均匀布光和连续点式光，方便调节光照，有点阵效果
	地发光	玻璃砖发光地面：整体空间干净明亮，发光柔和，科技感强烈
	顶发光	柔和布的内置灯光：整体空间干净明亮，发光柔和，科技感强烈
	体发光	具有多方向多面显光的特点，发光轻盈，完整

类型	光照方式	照明效果
投射表现技巧	上下射光	上下投射光，顶部用射灯和展台发光衬托、突出展品
	投射光斑	利用光的投射所形成的光斑来改变室内空间表皮肌理，通过控制光斑大小与投射方向来使空间发生多样的变化，产生动态效果
	漫射光	上射顶面，漫射，照亮环境；柔和发光，科技感强
	旋转打光	利用旋转打光增加空间的流动感和感性的成分，容易形成视觉中心
	脚灯射光	灯具安装部位低，可以使空间产生悬浮感
	水灯射光	灯具安装在观水池侧面和底部，透过水波泛光增加空间灵动感
行业表现技巧	珠宝照明	珠宝首饰柜台，打光强烈，而顶部照明相对柔和
	科技照明	数码产品、瓷砖产品装卖店照明应通透，光亮、整洁，富有科技感
情景表现技巧	情景照明	人们跟随光源的提示，沉浸在所营造的情境之中，体验空间
	怀旧照明	利用光色彩的心理作用，在设计中通过暖色调光源的使用，产生怀旧照明的效果
科技表现技巧	炫彩照明	投影仪等多媒体的投入使用，动态光束配合图像。动画表现，共同展现设计主题。传递视觉信息，达到炫彩的照明效果
	3D 照明	3D 数字技术、参数化编程、多媒体光效技术，塑造出虚拟化的三维空间

2. 个性灯具

在现代商业展示设计中，个性化的灯具往往能提升空间，增加空间的趣味性，或形成灯光装置、特殊造型等，这些都是灯光设计的组成部分。

（五）天然采光与人工照明相结合

天然采光可以充分地利用阳光资源，让人们感到舒适的同时也更加节能环保。但自然光易受时间、采光口位置等的影响，光照强度和光照位置难以稳定持久。而人工照明具有光源位置可调、光照强度恒定、光照时间可控的优点。两者相结合后，可以取长补短，相辅相成，更好地展现出展示内容的艺术内涵（图 6-3-9 至图 6-3-11）。

图 6-3-9　采光设计 1

图 6-3-10　采光设计 2

图 6-3-11　采光设计 3

参考文献

[1] 李自刚. 浅论博物馆陈列展览如何更好地发挥宣教作用 [J]. 今古文创，2021（34）：106-107.

[2] 伍林芳，王明锁. 浅谈博物馆陈列展览中的电气工程升级改造 [J]. 中国设备工程，2021（16）：179-181.

[3] 王颖. 关于博物馆陈列展览工作的思考 [J]. 文物鉴定与鉴赏，2021（15）：145-147.

[4] 刘一璇. 融媒体时代下我国博物馆运营模式的转变研究 [D]. 大连：辽宁师范大学，2021.

[5] 刘欣. 博物馆陈列展览数字化中应用 VR 全景技术的实践研究 [J]. 文物鉴定与鉴赏，2021（11）：139-141.

[6] 段磊. 浅析旧址博物馆的陈列展览设计 [J]. 文物鉴定与鉴赏，2021（10）：112-116.

[7] 蒋忠华. 新形势下博物馆陈列展览的转变与发展探讨 [J]. 文物鉴定与鉴赏，2021（09）：152-154.

[8] 李野. 美术馆展览陈列中造境的重要性分析 [J]. 中国民族博览，2021（08）：140-142.

[9] 梁晴晴. 视觉文化背景下博物馆展览的叙事与传播设计研究 [D]. 桂林：桂林电子科技大学，2020.

[10] 张娟. 博物馆陈列展览中的交互设计研究 [D]. 武汉：湖北工业大学，2020.

[11] 冯朔. "情景再现"在博物馆临时陈列展览中的应用性研究 [D]. 广州：广州大学，2018.

[12] 蔡智澎. 博物馆入境展览中的对比展览 [D]. 南京：南京师范大学，2018.

[13] 张微微. 自然博物馆展览陈列类型演变及方法研究 [D]. 杭州：浙江大学，2017.

[14] 黄翀宇. 展览陈列特色化研究 [D]. 武汉：湖北美术学院，2017.

[15] 石小鹏. 博物馆陶瓷陈列展览设计的初步研究 [D]. 北京：中国社会科学院研究生院，2017.

[16] 姚征峰. 地域文化在博物馆陈列艺术设计中应用研究 [D]. 合肥：安徽建筑大学，2017.

[17] 毛雪卿. 博物馆建设与历史观教育（1949-2016）[D]. 北京：北京理工大学，2016.

[18] 闫广宇. 博物馆历史类陈列展览的阐释 [D]. 郑州：郑州大学，2015.

[19] 白鹏飞. 历史类博物馆影视手段展示研究 [D]. 西安：陕西科技大学，2015.

[20] 文娟. 中国美术馆陈列与展览研究 [D]. 昆明：云南大学，2014.

[21] 陈熙. 博物馆新型空调系统设计研究 [D]. 哈尔滨：哈尔滨工业大学，2013.

[22] 赵建鹏. 基于博物馆陈列展览的传播学研究 [D]. 南昌：江西师范大学，2013.

[23] 谢梅影. 辽代佛教文物展览陈列大纲 [D]. 北京：中国人民大学，2013.

[24] 许璐. 论博物馆陈列展览中说明文字的运用 [D]. 北京：中央民族大学，2013.

[25] 丁宁. 博物馆展览陈列文案的翻译—交际翻译法 [D]. 广州：广东外语外贸大学，2013.

[26] 侯雅静. 博物馆陈列展览空间设计研究 [D]. 广州：华南理工大学，2012.

[27] 艾晶. 中国国家博物馆陈列光环境的设计研究 [D]. 北京：中央美术学院，2012.

[28] 王炯. 历史类博物馆文物陈列展览的初步研究 [D]. 重庆：重庆师范大学，2012.

[29] 张阿琦. 博物馆民族乐器的分类及相关问题的思考 [D]. 北京：中国艺术研究院，2012.

[30] 李晶. 我国博物馆青少年观众初步研究 [D]. 重庆：重庆师范大学，2007.